Le désir de santé

Éditions d'Organisation
Groupe Eyrolles
61, bd Saint-Germain
75240 Paris cedex 05

www.editions-organisation.com
www.editions-eyrolles.com

© Groupe Eyrolles, 2007
ISBN : 978-2-212-53932-5

Christophe Thomassin
Jean-Michel Gilibert

Le désir de santé

EYROLLES

Éditions d'Organisation

Remerciements

Nous tenons à témoigner notre gratitude aux clients de l'Agence Protéines ainsi qu'aux éminentes personnalités du monde de la santé et de la prévention, sans qui nous n'aurions jamais accumulé cette expérience. Certains d'entre eux s'expriment dans ce livre : qu'ils en soient remerciés.

Un grand merci à Serge Michels pour sa précieuse contribution, au docteur Jean-Michel Borys et à nos plus proches collaborateurs, à Lionel Brault, qui ont largement contribué à l'enrichissement de ce livre et à la mise en cohérence de notre pensée.

Merci à Arnaud Langlois, de JP Morgan, d'avoir préfacé cet ouvrage. Ses analyses ont largement contribué à faire le lien entre santé de l'homme et santé de l'entreprise.

Enfin nous souhaitons dire toute notre reconnaissance à l'ensemble de nos collaborateurs qui font vivre, en pensées, en actions, et en émotions, le Groupe Protéines. Rien n'existerait sans eux.

Christophe Thomassin
Jean-Michel Gilibert

Sommaire

PARTIE 1
De la santé non-maladie à la santé
bien-être, toute une histoire !

PARTIE 2
La santé est morte, vive le désir de santé !

PARTIE 3
L'entreprise face au désir de santé

Préface

*Par Arnaud Langlois (JP Morgan), managing director,
analyste financier responsable des secteurs agroalimentaires
et cosmétiques et du dévelopement durable*

L'impact du désir de santé sur les marchés est d'ores et déjà une réalité. La croissance des marchés de l'agroalimentaire est tirée par la volonté du consommateur de se nourrir mieux : ce critère explique une part de plus en plus importante des décisions d'achat. De fait, le consommateur migre vers des produits capables de répondre à ses attentes en matière de santé, de bien-être et de forme. Ceci constitue une opportunité importante pour les industriels de l'agroalimentaire et au-delà, car il est clair que le consommateur est prêt à payer davantage pour des produits de meilleure qualité, et perçus comme offrant un « bénéfice santé ». Cet état de fait et cette évolution ont des conséquences tout à fait significatives sur la manière dont les entreprises doivent s'organiser. Le contenu de la marque doit évoluer pour intégrer ces nouveaux traits d'image, le marketing doit changer de sens pour tenir compte de cette évolution, la communication doit faire comprendre au consommateur tout l'effort que réalise l'entreprise pour le maintien et le développement de sa santé, la R&D devient centrale pour proposer des produits qui intègrent cette dimension, la supply chain doit évoluer pour sélectionner des matières premières répondant à ce désir de santé… Bref, l'entreprise doit s'organiser durablement sur des bases différentes. D'une part, elle doit être capable de définir des allégations santé qui ont un sens pour le consommateur et d'autre part, elle doit être en mesure de prouver ces allégations, dans un contexte réglementaire de plus en plus contraignant.

Si l'on considère par exemple la supply chain, le désir de santé oblige l'entreprise à se tourner de manière croissante vers des produits dits naturels, organiques, ou biologiques, ce qui remet en question un type d'organisation antérieure. Ceci amène parfois l'entreprise à devenir en quelque sorte sponsor de certains fournisseurs, seuls capables d'enrichir la chaîne de valeur. Des filières entières comme l'industrie laitière ou le cacao sont, dans une certaine mesure, en train de se réorganiser dans cette optique. La R&D, quant à elle, passe du statut de recherche appliquée, souvent sous la férule du marketing, au statut de recherche plus fondamentale, afin de pouvoir générer des promesses ambitieuses de forme, de bien-être, de santé, voire de beauté.

Il s'agit d'une tendance de fond, à l'opposé d'un feu de paille, et nous ne sommes qu'au tout début de ce phénomène, qui va toucher largement le monde de l'entreprise. Face à cette tendance qui va se renforcer et se généraliser, on peut analyser la manière dont les entreprises s'organisent, et ainsi commencer à distinguer ceux qui seront les gagnants et les perdants de la montée du désir de santé.

Les critères d'appartenance à la première famille sont leur héritage culturel, leur vision stratégique, et la qualité de leur communication. Il est clair que l'antériorité sur des domaines proches de la santé, ainsi qu'un portefeuille de produits propices à un repositionnement santé constituent un premier avantage compétitif. Le deuxième critère concerne la vision stratégique, qui s'appuie sur un repositionnement des marques, une adaptation des formules des produits aux nouvelles attentes, un glissement progressif vers la santé, un nouveau cahier des charges pour la politique de R&D, et sur une nouvelle politique de fusion-acquisition. La capacité à communiquer, à expliquer cette évolution au consommateur, à donner une valeur santé à sa stratégie, ses marques et ses produits complète la panoplie.

Mais bien sûr, tous les groupes ne bénéficient pas de ce type d'héritage. Dans ce cas, après une époque où certains d'entre eux se sont un moment cachés la tête dans le sable, on constate une évolution extrêmement rapide. « *Nous sommes attaqués, nous devons répondre* » semble être le nouveau mot d'ordre. Cette mutation repose sur plusieurs volets : une révolution culturelle, des rééquilibrages d'offres produits, une nouvelle organisation, une attitude plus responsable et une nouvelle communication. L'entreprise prend progressivement le virage stratégique. Elle peut mettre en valeur et renforcer la dimension santé des produits existants, rééquilibrer son offre, proposer une alternative résolument santé sur certains de ses produits, et lancer des innovations qui démontrent au consommateur qu'elle a compris ses attentes en matière de santé. Elle doit aussi s'assurer que son comportement vis-à-vis de l'environnement et de la santé est irréprochable. L'autre élément de réponse consiste à surinvestir publicitairement sur les offres qui communiquent le mieux son attitude santé. Et là, on voit bien qu'il n'est pas toujours facile d'intégrer la dimension santé dans sa communication. Certains groupes très avancés sur le plan de l'innovation technique n'ont pas su le faire. D'autres, à l'inverse, ont pu entièrement repositionner leur image au travers d'une innovation limitée.

Cette redistribution des cartes est à l'origine de l'éclosion de nouveaux talents et de nouvelles pratiques. Parler santé au consommateur sans renier la dimension plaisir, trouver le bon équilibre entre bien-être et hédonisme, intégrer forme et « *convenience* », tenir à la fois un discours de séduction et d'information, tout cela constitue de nouveaux challenges et nécessite l'émergence de disciplines nouvelles et de savoir-faire pointus. On peut remarquer notamment la tendance que constitue le nouveau cahier des charges de la communication. Aujourd'hui et demain, l'échange sera plébiscité au détriment du discours descendant de l'industriel. Plate-forme d'appel, site Internet convivial, communication interne, marketing relationnel, etc. Les services, l'information véritable, l'accompagnement du consommateur, la réponse individualisée, tout cela favorise l'appropriation de la communication.

Demain la santé sera considérée d'un point de vue holistique, intégrateur, global, dépassant largement la vision limitative que nous avons aujourd'hui. À l'intérieur de chaque entreprise, la santé et le bien-être vont devenir des points de passage obligés pour les salariés. Faciliter la relaxation, lutter contre le stress, aider à mieux manger et faire du sport participent plus largement à une bonne motivation du personnel. De la même façon, il est intéressant de voir combien les problématiques de développement durable et de santé deviennent indissociables. Une entreprise qui préserve l'environnement, c'est le signe qu'elle est responsable, qu'elle prend soin de son personnel, de ses produits, de ses clients. Et si elle pollue moins, si elle émet le minimum de carbone, il y a toutes les chances que cela soit bénéfique pour ma santé. Responsabilité sociale, développement durable et santé sont en train de devenir des facteurs clefs de la réussite, à condition que ces thèmes soient bien communiqués.

Introduction

La santé nouvelle est arrivée. Il s'agit d'une idée à la fois ancienne et moderne, née d'une cristallisation entre plusieurs phénomènes. D'un côté, des faits objectifs, tels que le prodigieux développement de l'espérance de vie, les progrès de la médecine, le bond en avant de la qualité de l'alimentation, de l'hygiène… De l'autre, la recherche du confort, du bien-être, le refus de la maladie, la recherche du risque zéro, la quête d'une jeunesse éternelle…

Ces deux systèmes de forces créent ensemble les conditions d'émergence de quelque chose de neuf et de puissant, de jamais vu dans aucune société : l'appropriation de sa santé par la population elle-même, que nous appelons « désir de santé ». Ce désir, à la fois aspiration et motivation puissante, balaie tout sur son passage. Il ne souffre aucun délai, aucune réponse dilatoire. Il veut être satisfait à n'importe quel prix. Il bouleverse la médecine, la consommation des produits d'alimentation et de bien-être ; progressivement, l'ensemble des secteurs de l'économie.

C'est l'OMS qui, la première, associe le terme de bien-être à celui de santé, démodant brutalement la conception traditionnelle d'une santé seulement curative et réservée aux professionnels. Les Trente Glorieuses, l'élévation du niveau de vie, les progrès spectaculaires de la médecine et de la nutrition font entrer la santé dans une nouvelle ère sémantique. Elle s'enrichit de nouveaux mots : équilibre, absence de douleur, forme, sensation, ego, plaisir, confort, environnement… Ces mots tranchent singulièrement avec le passé.

Nous souhaitons suggérer ici aux industriels, aux distributeurs, aux collectivités, qu'ils doivent intégrer ce désir de santé dans leurs actions et dans leur discours. Mais tous n'y sont pas préparés. Il n'est pas simple de parler de santé, ni aisé de répondre à cette aspiration. Jadis cantonnée à l'absence de maladie, la santé est aujourd'hui complexe, multiple, composite, polysémique…

Si nous partons d'une définition large de la santé, devenue préventive et plurielle, nous pouvons affirmer qu'elle s'inscrit dans chaque acte de la vie quotidienne, de l'alimentation à l'habitat, aux transports ou encore à l'énergie... Mais aussi que le paramètre santé fait désormais partie intégrante de l'image et des orientations stratégiques de toute entreprise, de la conception des produits et services au positionnement et à la communication, en passant par la relation à ses publics et à son management interne.

Quel doit être le rôle des entreprises en matière de santé ? Quelles entreprises semblent prendre en compte la santé du public, de leurs clients, de leurs salariés ? Quels bénéfices peuvent-elles en tirer ?

La première édition du Baromètre Image Santé Protéines/BVA[1], répond à ces questions en révélant les perceptions, les attentes de la population française et de leaders d'opinion (hommes politiques, journalistes, grands chefs d'entreprise).

Les résultats de ce premier baromètre confirment la tendance. La santé est vécue comme une priorité : 91 % des Français considèrent que la santé est primordiale au quotidien et qu'elle influence leurs comportements dans la vie de tous les jours.

Si 82 % de Français estiment que l'État devrait « faire encore plus » en matière de santé, ils plébiscitent également la montée en puissance des entreprises dans ce domaine : 70 % pensent que les entreprises y joueront à l'avenir un rôle très important.

Pour plus de 63 % de la population et près de 70 % des leaders d'opinion, la préoccupation environnementale s'inscrit naturellement dans le champ de la santé.

L'enjeu environnemental, parmi les différents moyens de prendre en compte la santé des individus, produit des effets évidents : l'automobile est ainsi perçue par le grand public et les leaders d'opinion comme le premier secteur se préoccupant de la santé des Français, suivi de très près par l'équipement de la maison et les produits de grande consommation.

Quelques grands groupes, et de tous secteurs, dominent le palmarès des entreprises perçues comme « *s'intéressant le plus à la santé du public, de leurs clients et de leurs salariés* » et les entreprises publiques, structurellement perçues comme plus soucieuses de l'intérêt général, y occupent une excellente place.

---

1. Baromètre Image Santé Protéines/BVA, en partenariat avec *La Tribune* et BFM, novembre et décembre 2006.

L'ensemble de ces perceptions n'est pas neutre pour l'entreprise. Une bonne image santé, c'est-à-dire la capacité effective à prendre en compte la santé de ses clients et salariés, incite les répondants à en avoir une meilleure image globale, être davantage tentés d'en consommer les produits et services, souhaiter y travailler un jour, et même y souscrire des actions.

Les auteurs de ce livre travaillent depuis longtemps pour que les entreprises alimentaires et de grande consommation déploient une politique santé cohérente, légitime et profitable... Et militent aujourd'hui pour que chaque entreprise définisse sa propre « attitude santé ». Toutes les entreprises, sans exception, sont concernées : dans leur relation avec le consommateur, leurs collaborateurs, leurs *stakeholders*. En effet, dans nos sociétés développées, le consommateur est également patient et citoyen et jette plus volontiers son dévolu sur des marques et des entreprises dont il apprécie les valeurs, engagées dans une démarche de « développement durable », voire plus précisément de « santé durable ».

La première partie de ce livre met en évidence l'émergence du phénomène : les raisons historiques, démographiques et techniques qui ont modifié le visage de la santé au cours du XXe siècle dans les pays développés. Elle permet de mieux appréhender le phénomène de la nouvelle santé, ses composantes, les relations nouvelles induites entre le médecin et le consommateur de santé.

La deuxième partie aborde les phénomènes psychologiques et sociologiques qui ancrent solidement la nouvelle santé dans le futur. Nouvelle représentation du corps, image de soi, désir de beauté, jeunisme, nouvelles tendances de la nutrition, synthèse entre alimentation et plaisir, quête de la forme, émergence du moi... Et en même temps, peur des épidémies, de la maladie, tentation du risque zéro, volonté de cocooning et de protection totale, aspiration au bien-être absolu, pour aboutir à un refus de la mort.

La troisième partie se consacre enfin aux réponses des entreprises à ce prodigieux développement du désir de santé. Quelles nouvelles missions pour l'entreprise, quels bénéfices pour elle et la collectivité ?

En empruntant activement le cercle vertueux « responsabilité-opportunité » de la santé, en y adaptant son organisation, son action et sa communication, l'entreprise se met alors en phase avec l'attente de ses clients, de ses salariés et de ses actionnaires. Et peut revendiquer ainsi un progrès partagé.

Partie 1

De la santé non-maladie à la santé bien-être, toute une histoire !

Chapitre 1

Du « survivre » au « bien vivre »

« Lorsque la santé va, tout va » ! La santé est au cœur de nos préoccupations. Depuis toujours, mais pas toujours pour les mêmes raisons.

Bien sûr, la préservation de son intégrité physique et de sa vie a toujours été une préoccupation majeure pour l'homme et, en ce sens, il ne se distingue pas des animaux. Il s'agit tout simplement de darwinisme : la nature a sélectionné les individus qui étaient capables de préserver leur vie, et donc leur capacité à se reproduire. La santé s'inscrit au cœur de l'évolution des espèces, et notre intérêt extrême pour la santé n'est que le fruit de ce long travail de sélection au cours des millions d'années d'évolution de l'espèce humaine.

Mais quel est le propre de l'homme en matière de santé, et pourquoi est-elle aujourd'hui si prégnante ? Pour le comprendre, il est indispensable de faire un peu d'histoire. En 1750, l'espérance de vie à la naissance était de l'ordre de vingt-cinq ans. Il est donc évident que la notion de santé était difficile à matérialiser, sauf si l'on appartenait à la petite minorité des classes sociales les plus favorisées. Hormis pour les nobles et les bourgeois les plus aisés, la préoccupation principale était d'échapper tout d'abord aux causes de mort violente, notamment la guerre, et surtout aux maladies infectieuses qui sévissaient à l'époque. Tout cela, bien évidemment, si l'on avait passé le cap des cinq ans, car le taux de mortalité infantile était alors effrayant. Ce n'est qu'au milieu du XIXe siècle, autant dire hier, que le taux de mortalité commence à baisser fortement dans les pays industrialisés.

Tout cela paraît appartenir au Moyen Âge, mais pour se représenter la situation dans nos pays il y a à peine un siècle, il suffit d'observer la situation d'aujourd'hui dans les pays les plus pauvres de notre planète. Ainsi, en 2003, le taux de mortalité infantile avant cinq ans dépasse les 25 % dans des pays comme la Sierra Leone, le Niger ou l'Afghanistan. Pour mémoire, ce taux est de 0,5 % en France à la même époque. Quant à l'espérance de vie, elle ne dépasse pas 45 ans dans la plupart des pays d'Afrique noire. Ces pays nous paraissent, en matière de niveau de vie, très éloignés du nôtre, mais il suffit d'observer l'évolution de l'espérance de vie en France pour se rendre compte que nos grands-parents, nés aux abords de la Première Guerre mondiale, avaient une espérance de vie équivalente à celle des pays d'Afrique noire aujourd'hui.

La fin des hécatombes

Le premier progrès de la santé qui vient spontanément à l'esprit est celui de la médecine. Pourtant, ce n'est qu'un des éléments de l'allongement de la durée de vie. En fait, trois grands progrès majeurs expliquent l'allongement de la durée de vie dans nos pays développés : la fin des guerres et des famines, l'élévation du niveau de vie, et enfin les progrès de la médecine.

On oublie fréquemment que la disparition des guerres sur notre territoire est une cause majeure de baisse de mortalité. En effet, si les guerres n'ont pas disparu de la planète, force est de constater qu'elles touchent aujourd'hui les pays les plus défavorisés, peu présents dans l'économie mondiale. On ne doit pas oublier les conséquences désastreuses des guerres sur la durée de vie. En 1918, la Première Guerre mondiale a fait environ 10 millions de victimes sur le continent européen, provoquant ainsi une chute brutale de l'espérance de vie.

Le deuxième facteur de progrès est la fin des famines. Les progrès considérables réalisés par l'agriculture sont aujourd'hui, bien à tort, quelque peu oubliés. Mais, comme nous le verrons un peu plus loin, ils ont largement contribué à l'élimination des famines, par conséquence à l'allongement de la durée de la vie.

Les progrès de la médecine sont évidemment un élément fondamental de l'augmentation de l'espérance de vie, mais, comme on va le voir, on ne doit pas le dissocier de l'amélioration globale du mode de vie.

Le rôle du mode de vie

Même si, empiriquement, l'homme savait depuis longtemps que son mode de vie avait une influence sur son état de santé, comme en témoignent des expressions populaires telles que : « On creuse sa tombe avec sa fourchette », la science va progressivement étayer l'importance de l'alimentation et du mode de vie sur la santé. Et les découvertes vont dépasser de très loin la croyance populaire.

Par exemple, au début du XXe siècle, les chercheurs découvrent que lorsqu'à l'école on nourrit correctement les enfants pauvres, leur taille augmente, tout comme leurs résultats scolaires. Ainsi, on se rend compte qu'ils ne sont pas petits et ignorants parce que c'est inscrit dans leurs gènes, mais parce que leurs conditions de vie ne leur permettent pas d'exprimer leur potentiel ! L'appartenance à une classe est certes liée à la naissance, mais avant à tout à l'environnement matériel et social dans lequel on vit, bien plus qu'à un potentiel génétique.

Ces résultats sont confirmés par de nombreux travaux. Robert William Fogel, prix Nobel, montre par exemple comment, au sein d'un même pays, plus on est grand, moins le risque de mourir prématurément est élevé. Non pas parce que la taille protège d'un risque, mais tout simplement parce qu'elle est le marqueur d'un mode de vie sain. En résumé, on mange à sa faim et l'on est « bien portant » dans le sens littéral du terme.

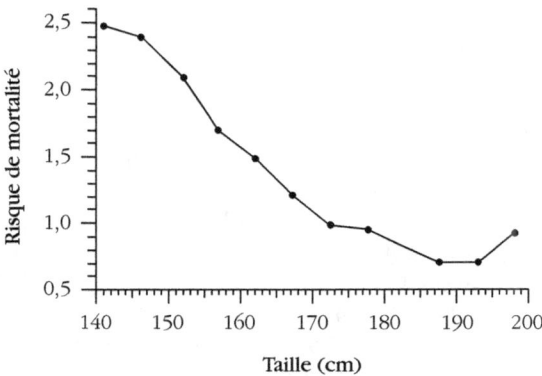

Figure 1 – Risque de mortalité en fonction de la taille.
(Source : d'après l'allocution de Robert William Fogel, Prix Nobel 1993)

Tout ceci permet de comprendre pourquoi nos ancêtres avaient une espérance de vie aussi faible. Robert William Fogel estime qu'en 1705 les Français avaient une taille moyenne de 1,61 m et un indice de masse corporelle (IMC)[1] d'environ 18, soit un poids de l'ordre de

---

1. L'indice de masse corporelle mesure la corpulence d'un individu. Il est obtenu en divisant le poids par la taille au carré. On considère qu'on est maigre en dessous de 18,5.

47 kg. À titre de comparaison, l'IMC moyen actuel de la population française se situe aux alentours de 23 et la taille autour d'1,76 m.

Ces données seront complétées par des études sur les populations migrantes, notamment aux États-Unis. On sait que la fréquence de certaines maladies varie beaucoup d'un pays à un autre. Ceci est particulièrement vrai pour les maladies cardio-vasculaires. Les États-Unis ont vu arriver, au début du XXᵉ siècle, des populations migrantes venues d'Asie, régions où les maladies cardio-vasculaires sont peu présentes. La question se posait sur les raisons de ces différences : étaient-elles dues à des raisons génétiques, les Asiatiques ayant un patrimoine génétique différent des Américains, ou à des raisons environnementales ? Les nombreuses études publiées sur le sujet, notamment au cours des années 60, montrèrent que les immigrants, à mesure qu'ils intégraient les habitudes alimentaires américaines, rejoignaient les Américains d'origine européenne en matière de maladies cardio-vasculaires. C'était donc bien le mode de vie américain qui était porteur de risques et non leurs gènes, qui les protégeaient.

Les scientifiques n'ont pas été les seuls à s'intéresser à l'espérance de vie des Américains. Dans les années 30, les compagnies d'assurance américaines lancent des contrats d'assurance-vie. Elles cherchent donc à comprendre quels sont les facteurs de risque permettant de prédire la mortalité, et donc la tarification de leurs contrats. Elles réalisent des études anthropométriques et mettent à jour la relation entre la corpulence, exprimée par l'indice de Quetelet (ou indice de masse corporelle) et la mortalité. Ainsi, on découvre non seulement que si l'on est trop maigre, on augmente son risque de mortalité, mais surtout que le risque augmente de façon spectaculaire lorsqu'on est trop gros. Par exemple, pour un IMC de 40, le risque de décès est 2,5 fois plus important que pour un IMC normal. Dans notre exemple, un IMC de 40 correspond à un poids d'environ 120 kg pour une personne mesurant 1,75 m.

Une nouvelle science, l'épidémiologie

Au cours du XXᵉ siècle naît une nouvelle science, l'épidémiologie, c'est-à-dire la science qui étudie les relations entre les maladies et les modes de vie. Bien sûr, il n'a pas fallu attendre le XXᵉ siècle pour que l'homme réalise intuitivement que son état de santé était lié à son mode de vie, notamment à son alimentation. Néanmoins, ces relations entre notre santé et notre mode de vie relevaient plus de la morale et de la pensée magique que de la connaissance scientifique.

L'épidémiologie a pu se mettre en place notamment grâce à deux éléments indispensables : le suivi des maladies et des causes de décès et le développement de méthodes statistiques de plus en plus puissantes. Ainsi l'épidémiologie est-elle devenue un formidable instrument de détection et de mesure des liens entre mode de vie et santé. C'est grâce à l'épidémiologie que l'on a découvert la plupart des liens entre mode de vie et santé. Dans les faits, cela se passe de la façon suivante : on détecte, par exemple, que le risque de maladies cardiovasculaires est associé à la consommation de graisses animales. La science va donc essayer de comprendre si ce n'est pas l'effet du hasard, ou d'autres habitudes associées, afin de trouver les raisons de l'association et les mécanismes en jeu. Si les recherches confirment et reproduisent de façon expérimentale – par exemple sur des animaux – ce que l'épidémiologie a observé, alors on peut affirmer qu'un lien existe.

Malheureusement, des raccourcis sont fréquemment effectués, notamment dans les médias, entre pathologies et mode de vie. Si l'épidémiologie observe que deux phénomènes évoluent de la même façon, elle ne peut, en aucun cas, affirmer que les deux phénomènes sont liés par des liens de causalité. Il existe ainsi un lien entre la taille des pieds en Europe et les maladies cardio-vasculaires, ou encore entre la circulation à New York et les taux de divorce à Paris, tout simplement parce que ces phénomènes ont augmenté de façon parallèle durant la même période !

Cela montre la grande prudence que l'on doit avoir sur les conclusions de ces études et sur l'usage que peuvent en faire les médias en mal de dramatisation, ou même des scientifiques au service de leur cause.

L'explosion de la santé publique

« Santé publique : la science et l'art de prévenir les maladies, prolonger la vie et promouvoir la santé à travers des efforts organisés au sein de la société. » Source : Organisation Mondiale de la Santé (OMS).

La notion de santé publique est récente et s'est fortement développée ces vingt dernières années. Le nombre de publications scientifiques traitant de santé publique a été multiplié par six au cours des cinquante dernières années.

On peut attribuer cette émergence de la santé publique à trois grands phénomènes : l'amélioration des connaissances scientifiques, le vieillissement de la population et l'augmentation du coût de la santé.

Des données solides mettaient donc en évidence une possibilité de lutter contre des maladies dites « de société ». Dès lors, les pouvoirs

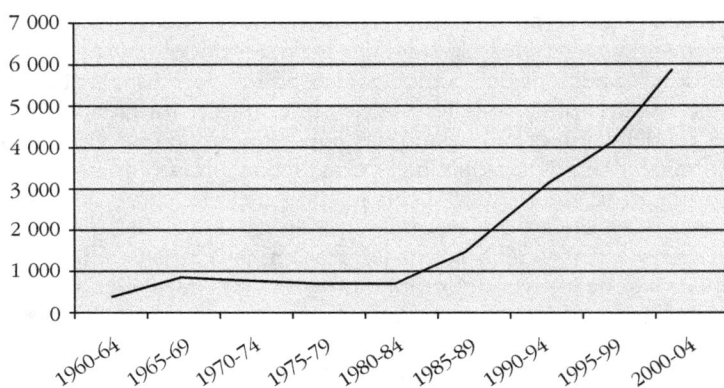

Figure 2 – Nombre de publications scientifiques parlant de santé publique
(Source : Serge Michels, d'après Medline, 2005)

publics ont décidé de mettre en œuvre des politiques de prise en charge et de prévention. Cette intrusion des pouvoirs publics va modifier considérablement le monde de la santé et, du même coup, le cours de nos vies. La santé devient un enjeu de pouvoir… et d'argent.

Avec la prise en charge collective de la maladie apparaît un marché qui dépasse largement celui de l'apothicaire de quartier, et les laboratoires pharmaceutiques sont les premiers concernés. Leur taille va suivre l'évolution du marché et les besoins gigantesques de la recherche scientifique pour la mise au point des nouveaux médicaments et leur mise en circulation sur le marché.

Dans la période qui nous occupe, la santé devient une responsabilité collective. Elle implique de nouveaux acteurs. Tous ceux dont l'activité a un impact – proche ou éloigné – sur la santé des citoyens vont devoir s'engager en faveur de la santé publique, ou prendre le risque d'avoir à rendre des comptes. C'est ainsi que l'industrie agroalimentaire est entrée de plain-pied dans la santé publique, emportée par l'explosion de la science de la nutrition. Les autres secteurs seront progressivement interpellés.

L'individu prend le pouvoir sur sa santé

Il serait indécent d'affirmer que la maladie a disparu de nos pays développés, mais force est de reconnaître que la médecine nous guérit aujourd'hui de la plupart des grands maux qui décimaient les populations jusqu'au siècle dernier.

C'est l'un des paradoxes des avancées de la science du XXe siècle : alors que nous avons tous retenu l'incroyable découverte du code génétique et son importance dans notre vie, c'est tout autant dans la compréhension de l'impact de l'environnement sur notre vie que la science a progressé. En termes plus scientifiques, nous en savons probablement plus sur la compréhension de l'expression de nos gènes face à notre environnement que dans la compréhension du rôle de chaque gène.

Les progrès de la médecine ont, par ailleurs, contribué à changer notre rapport à la maladie. Non seulement « notre responsabilité est engagée » puisque la maladie n'est plus une fatalité, et qu'elle peut être une conséquence de nos actes, mais surtout la maladie est de moins en moins mortelle, puisque la médecine peut la soigner.

Nous pensons donc que, si nous faisons attention à notre santé au cours de notre vie, nous aurons à affronter des maladies moins graves, que la médecine nous aidera à guérir, et que, lorsque nous serons vieux, une maladie grave, généralement le cancer ou une maladie cardio-vasculaire, sera la cause de notre mort.

L'émergence du concept d'espérance de vie

Des concepts nouveaux comme « mourir en bonne santé », que nous analyserons plus en détail, et surtout la notion d'espérance de vie, apparaissent. Ces concepts sont les enfants de la baisse de la mortalité et de l'allongement de la durée de vie. Si l'on ne comprend pas l'importance de ce concept d'espérance de vie, on ne peut comprendre la place centrale qu'occupe la santé dans notre société. Autrefois, la maladie était perçue comme la punition de nos péchés et de nos fautes ; la mauvaise santé était malchance. Aujourd'hui, la santé est entre nos mains, et c'est à nous de gérer notre espérance de vie.

Ce concept est renforcé par la communication régulière dans les médias des chiffres sur l'espérance de vie, et bien sûr par les faits eux-mêmes. Nos grands-parents et parents vivent de plus en plus vieux et de mieux en mieux, c'est une réalité perceptible par chacun, ce qui rend cette notion d'autant plus prégnante.

Nous vivons moins dans la crainte de la maladie mortelle que dans l'angoisse de ce qui peut diminuer notre espérance de vie. Alors que la malaria ou le Sida déciment certains continents, nous vivons dans l'angoisse des pesticides ou de la pollution du périphérique parisien. Tout ce qui peut porter atteinte à notre capital santé est perçu comme une agression, si nous la subissons de l'extérieur. Nos comportements à risque sont fustigés : les hommes politiques sont interpellés médiatique-

Espérance de vie (en années)   Espérance de vie (en années)

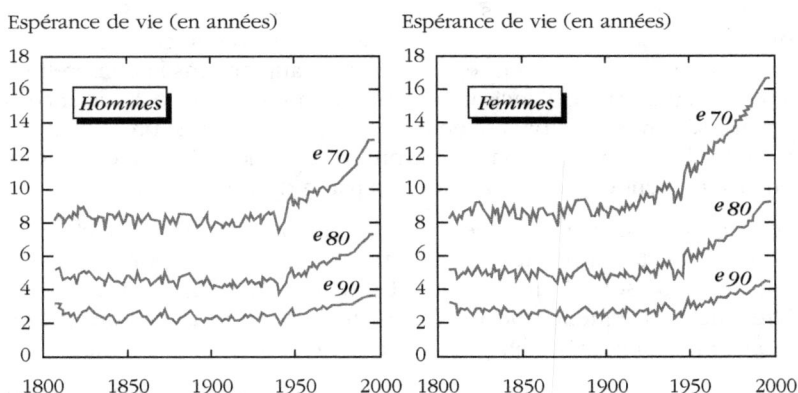

Figure 3 – Évolution des espérances de vie à 70, 80 et 90 ans en France depuis 1806. (Source : *Populations et Sociétés* n° 365, février 2001, INED)

ment par des médecins. Pour certains, il faut interdire le tabac, mais aussi l'alcool, brider les voitures et les deux roues, et limiter toutes les pratiques à risques. Dans nos sociétés riches, la santé devient peu à peu une exigence plus forte que la liberté individuelle.

La diminution de la mortalité prématurée, liée à la fin des guerres, aux progrès de la médecine et à l'amélioration des conditions de vie, a profondément modifié la structure démographique de la France et de la plupart des pays développés. La population vieillit mécaniquement, à mesure que l'espérance de vie augmente et que la fécondité baisse. En effet, même si notre pays reste, en Europe, l'un de ceux où les femmes font le plus d'enfants, la fécondité reste basse. C'est un schéma classique dans tous les pays développés, fruit de l'élévation du niveau de vie et de la baisse de la mortalité infantile.

Bientôt, plus d'un Français sur deux aura plus de 45 ans. Cette évolution de la structure démographique de la France va dramatiser l'importance de la santé pour deux raisons majeures. La première est le poids économique pour la société. Une espérance de vie longue n'est pas qu'une question de qualité de vie, c'est aussi le résultat de soins médicaux de qualité, donc chers. Or, plus on vit longtemps, plus les besoins de soins sont importants, et plus chacun de nous coûtera cher à la Sécurité sociale. La deuxième raison majeure est mathématique. L'évolution de la pyramide des âges des Français conduit « mécaniquement » à une explosion de la demande santé.

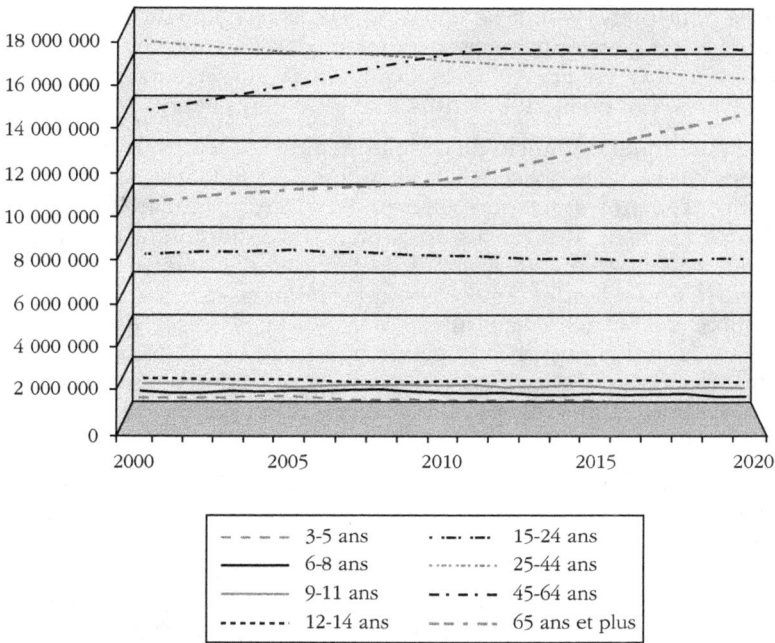

- - - - 3-5 ans		· -·- -·-·	15-24 ans	
—— 6-8 ans		··········	25-44 ans	
—— 9-11 ans		- · - · -	45-64 ans	
------- 12-14 ans		— — · — ·	65 ans et plus	

**Figure 4 – Évolution de la population par tranches d'âge de la France.
(Source : Serge Michels d'après données INSEE, 2003)**

Le temps du travail, le temps du loisir et le temps pour soi

Le débat sur les 35 heures n'est que la dernière péripétie d'une longue évolution de la répartition entre temps de travail et temps de loisir. Aujourd'hui, nous considérons qu'il est inacceptable de faire travailler des enfants. Mais en France, en 1841, la loi permettait le travail des enfants dès l'âge de 8 ans, à condition qu'ils travaillent moins de 8 heures par jour avec au moins un jour de repos ! À partir de 16 ans, ceux-ci pouvaient travailler jusqu'à dix heures par jour, mais uniquement entre 5 heures du matin et 9 heures du soir ! À partir de 1900, la loi « Millerand » imposera à terme une journée de 10 heures pour les adultes, et ce n'est qu'en 1906 que le repos dominical sera obligatoire. Enfin, en 1919, la durée du travail passera à 8 heures par jour et la durée hebdomadaire à 48 heures. Aujourd'hui, l'arrivée des 35 heures et des RTT a ouvert le champ à du temps libre pour les loisirs, mais aussi pour prendre soin de soi. Ainsi, selon l'Organisation de coopération et de développement économique (OCDE), depuis 1972, nous avons gagné, en France, près de 6 heures sur le temps de travail effectif, ce qui nous situe dans la moyenne européenne.

Une conséquence directe du développement du temps de loisir est le temps consacré au sport. Nike, c'est plus de 5 milliards de dollars de chiffre d'affaires, Intersport, environ 6 milliards : le marché des articles de sport ne s'est jamais aussi bien porté, traduisant la place du sport dans nos vies. Le nombre de Français déclarant une pratique sportive est de l'ordre de 97 % pour les hommes de 15 à 24 ans, et le nombre de licenciés dans un club de sport ne cesse d'augmenter. Tout cela traduit une préoccupation croissante de soi. Non seulement nous disposons de temps libre, mais encore nous considérons que nous avons légitimement le droit de nous occuper de nous, de nous « faire du bien ».

Au-delà de l'aspect ludique de la pratique sportive, la santé reste le moteur principal pour faire du sport. Dans une étude réalisée sur six pays développés, le sociologue Claude Fischler[1] a demandé à des consommateurs ce qui était important pour rester en bonne santé. Dans tous les pays, les deux facteurs les plus importants sont l'alimentation et l'activité physique, avec des scores très proches, y compris pour les Français.

La place et le rôle des seniors

Les seniors disposent de temps libre et sont fortement préoccupés par leur santé. Si, par le passé, le temps qui séparait le début de la retraite de l'entrée en maison de retraite était malheureusement très court, ce n'est plus le cas aujourd'hui. Les grands-parents de 65 ans sont actifs, partent en voyage, et profitent de la vie, peut-être mieux que leurs enfants actifs. La preuve en est que la plupart des produits de grande consommation spécifiquement destinés aux seniors sont des échecs commerciaux, alors que le marché potentiel ne cesse d'augmenter ! Tout simplement parce que les seniors d'aujourd'hui ne souhaitent pas être considérés comme des personnes âgées et, dans les faits, ils ne vivent effectivement pas comme des personnes âgées.

Les seniors représentent non seulement une part importante de la population, pour des raisons démographiques évidentes, mais ils sont également des acteurs à part entière de la société : acteurs sociaux,

---

1. Fischler, Congrilait, 2002.

ils participent à la solidarité intergénérationnelle, et bien sûr acteurs économiques, de par leur pouvoir d'achat supérieur à la moyenne.

Mais si les seniors vivent comme tout un chacun, leur attente en matière de santé est forte et pèsera en termes de demande sociale.

Les progrès dans l'agronomie et l'agriculture

En Occident, nous vivons dans une période d'opulence alimentaire qui n'a pas de précédent dans l'histoire de l'humanité. Si la faim dans le monde n'a pas disparu, force est de constater qu'elle ne touche plus les pays développés. Cette suffisance alimentaire, développée depuis la fin de la Seconde Guerre mondiale, a été possible grâce à la révolution verte qui s'est accélérée dans les années 60 et 70.

En 1948 en France, on produisait 8 millions de tonnes de blé, alors qu'en 2005 la production française de blé dur et de blé tendre a été d'environ 37 millions de tonnes. Au cours des dix dernières années, la progression a été de 6 millions de tonnes, soit presque l'équivalent de la production de 1948.

> Au niveau mondial, la productivité d'un agriculteur a été multipliée par dix en un siècle. On oublie trop souvent que c'est d'abord la suffisance alimentaire qui permet le développement économique. À mesure que la productivité agricole augmente, la situation nutritionnelle de la population s'améliore et elle libère de la main-d'œuvre pour les autres secteurs économiques.

Ces améliorations au cours des dernières années ont été possibles en particulier par l'amélioration des semences, l'irrigation, les engrais et les produits phytosanitaires. En Asie, l'utilisation de variétés de riz à haut potentiel a augmenté de 12 à 67 %. En vingt ans, ce sont près de la moitié des surfaces dans le monde qui ont été plantées avec de nouvelles variétés améliorées.

Pourtant aujourd'hui, les Français, majoritairement urbains, ont oublié qu'en 1970 la France n'était pas autosuffisante en blé. Par exemple, que le prix du pain devait être fixé légalement pour éviter de trop fortes variations lorsque les cours du blé flambaient, à la suite d'une mauvaise récolte. Ces progrès, qui ont permis la suffisance, sont aujourd'hui mal vécus, car nos concitoyens ont le sentiment que tout cela s'est réalisé au détriment de la qualité de l'alimentation et au prix d'une pression accrue sur l'environnement. Le paradoxe est que nous avons tous le sentiment de vivre dans une surabondance alimentaire, alors que la situation est en réalité de plus en plus tendue. À titre d'exemple, nous ne disposons à l'heure actuelle que de quelques semaines de stocks de blé. Nous sommes donc plus que jamais à la merci d'une mauvaise récolte et la sécurité alimentaire, au sens de la sécurité de l'approvision-nement, est plus que jamais une préoccupation pour la FAO (*food and agriculture organization of the united nations*).

Distribution, alimentation et modes de vie

Le siècle passé a véritablement été un siècle de révolution dans le domaine de notre alimentation. Révolution pacifique, mais qui a néan-moins suscité de nombreux soubresauts et crises. Nos sociétés culti-vent dans ce domaine le paradoxe suivant : la modernité alimentaire est accusée de tous les maux, alors qu'elle nous a offert de formidables bénéfices, à commencer par la libération du pouvoir d'achat et du temps.

Trois éléments majeurs ont marqué notre alimentation au cours du siècle passé :

– le transfert de la préparation des aliments vers l'industrie ;
– le passage d'un commerce de proximité à la grande distribution et à la mondialisation du commerce ;
– la baisse du coût de l'alimentation.

Le premier point, à savoir l'industrialisation de notre alimentation, était un phénomène inéluctable associé à l'évolution du mode de vie. Dans les milieux les plus aisés, le personnel de maison était en charge de la cuisine, mais pour l'immense majorité des femmes, la cuisine repré-sentait une de leurs principales tâches quotidiennes, en termes de temps passé. Alors que le niveau de vie s'élève et que les femmes s'émancipent, elles ont tout naturellement souhaité pouvoir s'exonérer des tâches ménagères et en particulier de la cuisine. Il est d'ailleurs très instructif de regarder à ce sujet les publicités des années 60 : l'électroménager y est vanté comme l'un des grands libérateurs de la femme moderne, qui doit se simplifier les tâches ménagères.

Cette tendance de fond est tout à la fois le facilitateur et la consé-quence du développement du travail des femmes : en 1975, 51,5 % des femmes travaillaient ; en 2005 elles sont 63,8 %. L'industrialisation de notre alimentation, si souvent décriée, est paradoxalement l'un des grands facteurs d'amélioration de la condition féminine.

Avec la transformation de nos aliments par l'industrie, se joue également la transformation du commerce : lorsque l'essentiel de mes achats ali-mentaires est constitué de légumes, de viande et de pain, il est évident que mes achats se feront chez un professionnel de proximité. Mais dès lors que j'achète des produits transformés de grandes marques, la relation de confiance avec mon petit commerçant n'est plus un élément clé. Le Banania, le lait Mont Blanc ou la Blédine, produits emblématiques des années 60, ne sont pas meilleurs chez l'épicier que dans la grande surface. Le développement d'une industrie forte va ainsi entraîner le développement d'un commerce fort, et l'évolution de ce rapport de force être à l'origine de concentrations et de l'émergence de grands groupes agroalimentaires et de grande distribution.

Qu'est-ce que tout cela change à notre santé ? La perte de lien avec l'origine de nos aliments entraîne, selon le sociologue Claude Fischler, un phénomène anxiogène. Chez l'homme, il existe un principe, le principe d'incorporation, selon lequel nous pensons que nous sommes ce que nous mangeons. Les Allemands ont d'ailleurs un proverbe qui dit : « Dis moi ce que tu manges et je te dirai qui tu es ». Mais avec l'industrialisation de l'alimentation, nous ne savons plus ce que nous mangeons. Or, si je ne sais pas ce que je mange, alors je ne sais plus qui je suis. Lorsque nous sommes à l'étranger, par exemple, notre première question est de savoir ce qu'il y a dans le plat en termes d'ingrédients. Nous voulons savoir ce que nous mangeons. Et ce n'est pas un hasard si la carte des restaurants nous donne une description à travers les produits mis en œuvre, et non le goût en terme d'acidité ou de texture.

Industrialisation et distribution sont intimement liées et ont apporté des baisses de coût de l'alimentation : l'alimentation ne représente plus aujourd'hui que 14,3 % du budget des ménages, boissons alcoolisées comprises. Elles ont également apporté la mondialisation et les échanges, avec le développement des produits exotiques et un formidable élargissement de notre palette alimentaire. Nous sommes ainsi passés de l'angoisse du manque à celui de l'hyperchoix.

La baisse de la contrainte budgétaire sur l'alimentation a également participé au développement d'un excès de consommation, et donc été l'un des facteurs, parmi de nombreux autres, du développement de l'obésité. Cette baisse de la contrainte budgétaire, permettant un accès plus aisé aux calories, s'est associée à de fortes évolutions en matière de produits consommés.

Moins de pommes de terre, moins de vins courants, moins de pain et plus d'eaux minérales ou de yaourts... Ces modifications sont d'abord liées à l'évolution de la structure sociale de la population française. Par exemple, la baisse de consommation de vins courants est intimement liée à la baisse de consommation de la part des agriculteurs et des ouvriers, traditionnellement grands consommateurs de ce type de produits. Mais l'autre facteur important de modification des comportements alimentaires est la recherche de santé et d'équilibre alimentaire.

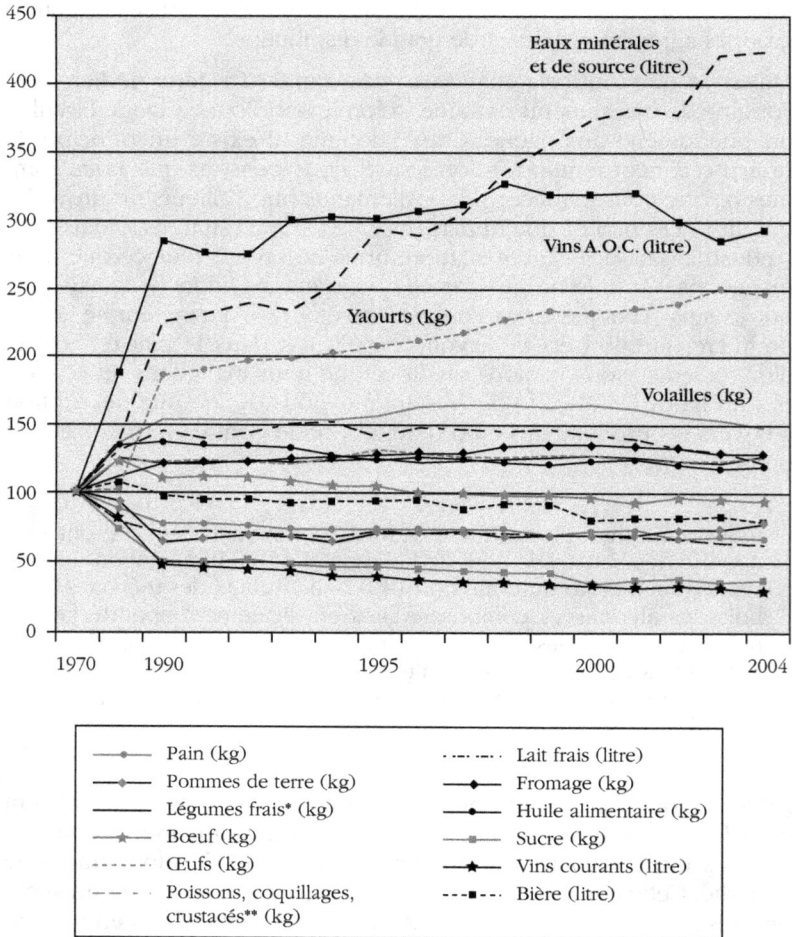

**Figure 5 – Évolution de quelques consommations alimentaires
(Source : Serge Michels d'après données INSEE, Base 100 en 1970, 2005)**

On observe ainsi que des produits comme l'eau minérale, les yaourts ou le poisson ont connu une évolution spectaculaire de leur consommation au cours des 30 dernières années, traduisant parfaitement cette recherche de santé à travers la fraîcheur et l'équilibre de l'alimentation. L'observation des cartes de restaurant est, elle aussi, un exercice passionnant : si la mode de la « nouvelle cuisine » ne fait plus la une des médias, c'est parce qu'elle est devenue la norme. La béchamel, la sauce hollandaise, les liaisons à la farine ou à la crème ne sont plus la règle en cuisine, et même si la légèreté n'est pas revendiquée, elle est bien présente, que ce soit par l'aspect visuel ou par les ingrédients utilisés.

Bouffer, manger, se nourrir

L'alimentation a toujours été une activité extrêmement normée socialement, mais ces normes ont fortement évolué et se sont relâchées au cours du temps. D'une alimentation assez monotone et répétitive, nous sommes passés à des actes alimentaires dont le sens peut varier fortement. Par exemple, chez nos grands-parents, il y avait, schématiquement, l'alimentation de tous les jours et l'alimentation du dimanche.

Aujourd'hui, un cadre aisé peut tout à la fois allez chez McDonald's un midi, fréquenter un grand restaurant le soir, faire un plateau télé en famille et manger de façon traditionnelle le reste du temps. L'investissement dans l'acte alimentaire peut varier fortement dans le temps et dans l'espace, et la force de la norme ne sera pas la même selon cet investissement.

Ainsi, un repas peut avoir une fonction purement physique de se remplir l'estomac (« bouffer » le sandwich du midi), ou d'autres fonctions plus complexes, qu'elles soient sociales, nutritionnelles... La place de la santé y est donc variable, et si le lien alimentation santé ne cesse de se renforcer chez les Français, il peut varier selon le repas. Par exemple, on sait que pour les mères le petit-déjeuner de leur enfant est un repas investi sur le plan nutritionnel, alors que le goûter doit être un instant de plaisir pour l'enfant qui rentre à la maison. De même, on observe chez les femmes adeptes de la nutrition des alternances de contrôle alimentaire et de relâchement plus ou moins maîtrisées. Les individus ne sont donc pas des êtres mécaniques, pour qui la santé est un guide obsessionnel en matière de comportements, mais des personnes qui arbitrent selon le moment, en fonction de contraintes et d'aspirations parfois contradictoires.

La santé a-t-elle un prix ?

La santé est aujourd'hui l'un des premiers postes de dépenses de l'État. Elle est passée de 3,8 % en 1960 à plus de 10 % des dépenses publiques de nos jours. Cette envolée des coûts s'explique essentiellement par les progrès de la médecine et le vieillissement de la population. La médecine est aujourd'hui de plus en plus sophistiquée, que ce soit en matière d'équipement et de diagnostic. Aujourd'hui, nous disposons de scanners et d'IRM, la moindre analyse de sang va compter beaucoup plus de paramètres que par le passé. La prise en charge des pathologies est également sans commune mesure avec celle de nos grands-parents. Le nombre de personnes sous statines pour maîtriser leur taux de cholestérol est de 5 millions selon l'assurance maladie, et chaque année 150 000 nouveaux cas de diabète sont recensés et passent sous traitement à vie.

Mais ce qui coûte le plus cher à l'État, ce sont les hôpitaux. En effet, si le débat a longtemps été focalisé sur le médicament et les économies que les génériques permettent d'obtenir, c'est bien l'hôpital qui est le premier poste de dépenses. Et c'est surtout vers la fin de sa vie qu'une personne coûte cher à la Sécurité sociale. C'est l'un des paradoxes des progrès de la médecine : on réalise des économies sur la première partie de la vie des citoyens en les protégeant de nombreux fléaux, mais en augmentant l'espérance de vie, on augmente les traitements de longue durée et le nombre des personnes à prendre en charge. Selon l'assurance maladie, près de 8 millions de Français souffrent d'affections de longue durée, impliquant donc une prise en charge sur le long terme.

Le diabète est l'exemple le plus impressionnant pour illustrer le coût des personnes en affection de longue durée. En 2004, en France, on estimait à 1 298 000 le nombre de diabétiques de type 1 et 2. Une estimation du coût moyen de traitement d'un diabétique a été réalisée en 2000 : il est de l'ordre de 4 000 euros par an, ce qui élevait la facture globale à cette époque à 5,7 milliards d'euros. Ce montant n'a pu qu'augmenter aujourd'hui, car le diabète se développe dans notre pays, parallèlement à la montée de l'obésité.

Si l'on ajoute à cette charge de la santé celle des retraites, on comprend tout l'enjeu de la prévention : l'État ne pourra éternellement augmenter le coût de la santé. En retardant l'apparition de pathologies liées à l'âge, on peut retarder l'âge de la retraite et limiter les coûts liés au vieillissement de la population. Pour les décideurs publics, la santé n'est donc pas qu'une question de bonnes intentions, c'est un enjeu économique majeur qui justifie une pression sociale croissante sur les

%	1960	1965	1970	1975	1980	1985	1990	1995	2000	2001	2002	2003
Allemagne	...	...	6,2	8,6	8,7	9,0	8,5	10,6	10,6	10,8	10,9	11,1
Autriche	4,3	4,6	5,1	6,9	7,4	6,4	7,0	8,5	7,5	7,4	7,5	7,5
Belgique	...	...	4,0	5,8	6,4	7,2	7,4	8,4	8,7	8,8	9,1	9,6
Danemark	...	...	...	8,9	9,1	8,7	8,5	8,2	8,4	8,6	8,8	9,0
Espagne	1,5	2,5	3,6	4,7	5,4	5,5	6,7	7,6	7,4	7,5	7,6	7,7
États-Unis	5,0	5,5	6,9	7,8	8,7	10,0	11,9	13,3	13,1	13,8	14,6	15,0
Finlande	3,8	4,8	5,6	6,3	6,4	7,2	7,8	7,5	6,7	6,9	7,2	7,4
France	**3,8**	**4,7**	**5,4**	**6,5**	**7,1**	**8,2**	**8,6**	**9,5**	**9,3**	**9,4**	**e 9,7**	**e* 10,4**
Grèce	...	...	6,1	...	6,6	...	7,4	9,6	9,9	10,2	9,8	9,9
Hongrie	...	...	...	...	...	...	...	7,5	7,1	7,4	7,8	e 8,4
Irlande	3,7	4,0	5,1	** 7,4	8,4	7,6	6,1	6,8	6,3	6,9	7,3	7,4
Italie	...	...	...	...	...	...	7,9	7,3	8,1	8,2	8,4	8,4
Japon	3,0	4,4	4,5	5,6	6,5	6,7	5,9	** 6,8	7,6	7,8	e 7,9	*** 7,9
Luxembourg	...	...	3,6	4,9	5,9	5,9	6,1	6,4	6,0	6,5	7,2	6,9
Pays-Bas	...	...	...	7,1	7,5	7,4	8,0	8,4	8,3	8,7	9,3	9,8
Pologne	...	...	...	...	...	...	4,9	5,6	5,7	6,0	* 6,6	6,5
Portugal	...	...	2,6	5,4	5,6	6,0	6,2	** 8,2	9,2	9,4	9,3	9,6
République Tchèque	...	...	...	...	...	...	4,7	6,9	6,6	6,9	7,2	7,5
Royaume-Uni	3,9	4,1	4,5	5,5	5,6	5,9	6,0	7,0	7,3	7,5	7,7	*** 7,7
Slovaquie	...	...	...	...	...	...	...	...	5,5	5,6	5,7	5,9
Suède	...	...	6,9	7,6	9,1	8,7	8,4	8,1	8,4	8,8	9,2	9,4

Source : OCDE, Éco-Santé 2005

Champ : France métropolitaine + Dom

Figure 6 – Part de la dépense nationale de la santé dans le PIB de quelques pays de l'OCDE

individus. Et qui pose la question tabou du prix d'une vie : quel est le montant maximal que nos sociétés pourront supporter pour garantir la santé et sauver des vies ? Car si, dans le principe, une vie n'a pas de prix, la réalité est tout autre. Au-delà des problèmes Nord/Sud et des écarts de richesse dans le monde, on peut mesurer cet aspect financier sur les débats autour du dépistage. Il ne fait aucun doute qu'un dépistage systématique et précoce du cancer permet de sauver des vies, mais quel est le prix que la société peut ou veut supporter ?

Ce poids financier de la santé va probablement s'accroître dans les années à venir avec le développement de l'obésité, qui est une formidable menace pour les comptes de la nation. Menace par le coût des pathologies associées, diabète, maladies cardio-vasculaires, cancers, etc., et menace par la nécessité, pour les super obèses en particulier, d'adapter les structures hospitalières à leur maladie. Aujourd'hui, les lits de blocs opératoires ne sont pas adaptés aux obèses, ou encore les obèses ne rentrent pas dans les scanners ou les IRM. Or ces personnes ont besoin de soins supérieurs à ceux des individus de poids normal, et on ne peut accepter à terme d'avoir un tiers de la population difficile à soigner. On ne connaît pas aujourd'hui précisément le coût de l'obésité en France, mais on l'estime déjà à 2 milliards d'euros. Qu'en sera-t-il dans quelques années si la progression de l'obésité se poursuit au même rythme ?

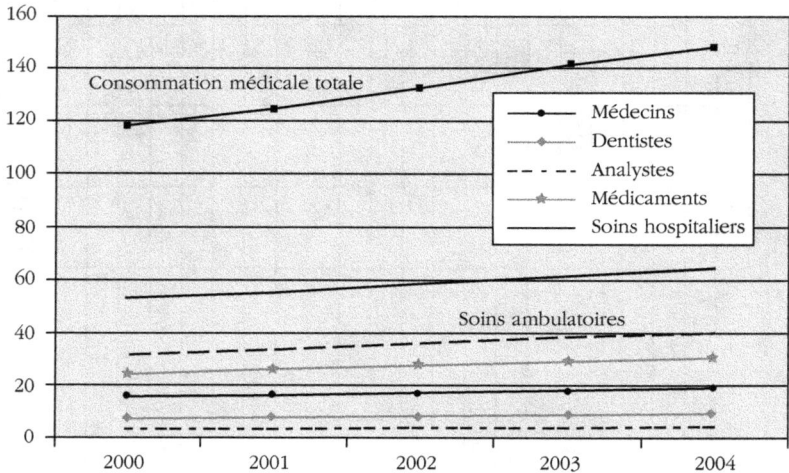

Figure 7 – Évolution des dépenses de santé en France.
(Source : Serge Michels, d'après données INSEE, 2005)

Chapitre 2

L'émergence d'une nouvelle santé : une santé préventive et globale

La Constitution de l'OMS définit la santé de la façon suivante : « La santé est un état de complet bien-être physique, mental et social, et ne consiste pas seulement en une absence de maladie ou d'infirmité. » Cette nouvelle définition correspond parfaitement à l'évolution de nos sociétés. À mesure que l'homme a pu vaincre la maladie, le champ de la médecine s'est élargi. De sa première mission, essentiellement curative, elle s'est élargie à la prévention et à la qualité de vie. Et de fait, nous considérons qu'un homme en bonne santé est un homme bien dans sa vie.

La preuve en est le questionnaire de Duke[1]. Ce questionnaire, utilisé par les autorités sanitaires, a été mis au point au niveau international pour mesurer la perception de l'état de santé des citoyens. Il permet, au-delà des critères objectifs de maladie, d'apprécier si les personnes se sentent en bonne santé, ce qui est important en termes de qualité de vie, mais aussi en termes de guérison. On observe que la moitié des questions portent sur des éléments liés à la sensation de bien-être, c'est-à-dire qu'une personne en bonne santé est d'abord une personne qui se sent bien, illustrant bien le concept de santé globale, notion au moins aussi importante que le fonctionnement de tel ou tel organe.

---

1. Parkerson GR, *The Duke Health Profile: A 17-item measure of health and dysfunction*, Med Care 1990 ; 28 : 1056-1072.

Question	Dimension
Pour chacune de ces formules, dites si vous pensez que c'est tout à fait votre cas, ou que cela n'est pas votre cas…	
1 Je me trouve bien comme je suis	Mentale, estime de soi
2 Je ne suis pas quelqu'un de facile à vivre	Sociale, estime de soi, dépression
3 Au fond, je suis bien portant(e)	Santé perçue
4 Je me décourage trop facilement	Mentale, estime de soi, dépression
5 J'ai du mal à me concentrer	Mentale, anxiété, dépression
6 Je suis content(e) de ma vie de famille	Sociale, estime de soi
7 Je suis à l'aise avec les autres	Sociale, anxiété
Diriez-vous qu'aujourd'hui, au moment de l'interview…	
8 Vous auriez du mal à monter un étage	Physique
9 Vous auriez du mal à courir une centaine de mètres	Physique
Diriez-vous qu'au cours des huit derniers jours…	
10 Vous avez eu des problèmes de sommeil	Physique, anxiété, dépression
11 Vous avez eu des douleurs quelque part	Physique, douleur
12 Vous avez eu l'impression d'être fatigué(e)	Physique, anxiété, dépression
13 Vous avez été triste ou déprimé(e)	Mentale, dépression
14 Vous avez été tendu(e) ou nerveux(se)	Mentale, anxiété
15 Vous avez rencontré des parents ou amis	Sociale
16 Vous vous êtes retrouvés avec des gens de votre famille qui n'habitent pas avec vous ou avec des copains en dehors de l'école *(version pour les moins de 18 ans)* Vous avez rencontré des parents ou des amis au cours de conversations ou de visites *(version pour les 18 ans et plus)*	Sociale
Est-ce qu'au cours des huit derniers jours…	
17 Vous avez dû rester chez vous ou faire un séjour en clinique ou à l'hôpital pour raison de santé	Incapacité

Figure 1 – Questionnaire de Duke mesurant l'état de santé

Les frontières entre bien-être et santé sont de moins en moins définies, et ce champ s'élargit régulièrement avec nos connaissances scientifiques. Sans tomber dans le parapsychologique, la science démontre chaque jour que notre état psychologique a un impact sur notre santé. Par exemple, un choc psychologique amoindrit les défenses immunitaires et favorise l'apparition de certaines pathologies. Plus largement, les différences d'état de santé entre catégories sociales démontrent les forts liens entre santé/bien-être et santé tout court. Car pour prendre soin de sa santé, il ne suffit pas d'en avoir les moyens financiers, il faut aussi être dans une situation permettant de se projeter dans l'avenir. Si l'angoisse du lendemain porte sur le fait d'avoir un travail, ou de se sentir en sécurité, la préoccupation principale n'est pas la santé. De même, il faut avoir un minimum d'estime de soi pour prendre soin de son corps. Tout cela ne saurait être possible dans une situation de précarité, qu'elle soit financière ou psychologique.

Le patient, consommateur de santé

S'il est un domaine dans lequel les Français sont des champions, c'est celui de la consommation de médicaments, et notamment d'antidépresseurs, puisque nous en consommons deux à quatre fois plus que les autres Européens. En vingt ans, notre consommation a été multipliée par six, alors que la consommation d'alcool diminuait fortement sur la même période. Un Français sur dix a pris des antidépresseurs de façon régulière sur au moins six mois ; ce chiffre passe à plus d'un sur six chez les femmes après 50 ans. Et cette consommation progresse plus vite que celle des autres médicaments. De même, les Français sont au quatrième rang européen en matière de consommation de médicaments non prescrits par un médecin.

Notre société est une société de consommation, et la santé n'a pas échappé à cette tendance. Le médecin n'est plus ce mandarin auquel on demandait de l'aide, sans oser le questionner sur le pourquoi de sa prescription. Aujourd'hui, nous sommes des consommateurs et consultons le médecin comme un fournisseur de services de santé. Si son diagnostic ne nous paraît pas sûr, ou si la liste de médicaments n'est pas assez longue, nous en consultons un autre. Et le développement d'Internet a accéléré le phénomène : le patient, de mieux en mieux renseigné, arrive parfois chez le médecin avec son diagnostic préétabli. Le médecin doit alors justifier ses années d'études et faire preuve de pédagogie pour expliquer qu'Internet Explorer n'est pas un outil de diagnostic !

Mais cela ne nous empêche pas de « consommer » : 85 % des Français ont consulté un médecin au cours des douze derniers mois, les plus gros consommateurs étant les ménages les plus modestes et les plus petits consommateurs, les agriculteurs et les populations les plus favorisées.

Nous vivons ainsi un véritable paradoxe : la santé est devenue un produit de consommation, mais que nous ne payons pas ! En effet, tout a été mis en œuvre pour que nous perdions la notion du coût de la santé. Afin de faciliter les formalités et d'éviter l'avance d'argent, la Sécurité sociale a rendu opaque le prix des soins. Aujourd'hui, si la santé n'a pas de prix, elle n'a malheureusement plus de coût non plus.

2003, en %

Consultation	15-24 ans	25-39 ans	40-59 ans	60 ans et plus	Ensemble
d'un médecin généraliste	83,2	81,9	81,8	93,6	85,1
d'un médecin spécialiste	47,8	56,3	59,5	67,8	58,9
d'un dentiste	57,6	53,8	54,1	44,1	52,0

Lecture : en mai 2003, 83,2 % des jeunes âgés de 15 ans à 24 ans déclarent avoir consulté un médecin généraliste au cours des 12 derniers mois.
Champ : France métropolitaine, individus âgés de 15 ans et plus.

Source : Insee, Enquête permanente sur les conditions de vie, 2003

**Figure 2 – Consultation médicale des individus
au cours de l'année selon l'âge**

Les pathologies de l'activité humaine

Le cancer est l'une des inquiétudes majeures des Français, notamment lorsque l'âge avance. De nombreuses raisons expliquent cette inquiétude : des raisons objectives et d'autres qui relèvent plus de la psychologie. Tout d'abord, sur le plan des chiffres le cancer est la première cause de mortalité au niveau mondial : 13 % des décès dans le monde sont dus au cancer, et l'OMS estime que le nombre de cancers continuera d'augmenter dans les années à venir. Ce qui paradoxalement est une bonne nouvelle dans la mesure où la majorité des cancers interviennent avec l'âge. L'augmentation des cancers sera donc d'abord la résultante de l'augmentation de l'espérance de vie. Mais si les cancers inquiètent autant, c'est aussi par la nature même de la maladie. Il n'y a pas si longtemps, on ne guérissait que rarement des cancers, et il demeure associé à la souffrance. Le langage pudique des médias parle d'ailleurs encore souvent de « longue maladie », lorsqu'une personnalité décède d'un cancer. Enfin, ce qui inquiète en matière de cancer, c'est que nous le percevons toujours comme une maladie subie. Une maladie dont l'activité humaine serait responsable.

Mais il y a aussi beaucoup d'effets médiatiques, d'abus de langage et une propension à entretenir l'angoisse du public. Par exemple, lorsque l'on affirme que tel comportement ou produit augmente le risque de cancer de 20 %, on oublie toujours de nous dire quelle est l'incidence de ce type de cancer. En effet, si l'on augmente un risque de 20 % pour un cancer dont l'incidence est de 10 000 cas par an, cela n'a pas le même sens que pour un cancer touchant 100 personnes par an. Il n'y a donc aucune comparaison entre le risque de cancer lié au tabac (première cause de cancer évitable), et les possibles cancers liés à la pollution, même si cela n'exonère pas les secteurs industriels impliqués dans ces pollutions d'engager des démarches de progrès.

> Nous vivons ainsi au rythme d'annonces toutes plus inquiétantes les unes que les autres, souvent issues d'études épidémiologiques et dans la plus grande des confusions... Si l'on cite tout ce qui, selon les médias, a récemment été accusé de nous provoquer un cancer, on note : le tabagisme, y compris passif, l'alcool, les déséquilibres alimentaires, l'obésité, les conservateurs et colorants alimentaires, les pesticides, la pollution, les parfums d'ambiance, les composés chimiques dans les produits d'entretiens (éthers de glycol...), les dioxines dans le saumon, le benzène dans l'essence... Et pourtant nous arrivons à survivre !

Il faut se méfier des raccourcis et des abus de langage. Lorsque les scientifiques affirment que 70 % des cancers sont liés à l'environnement, tout le monde comprend qu'il s'agit de la pollution. Or l'environnement inclut tout ce qui touche au mode de vie, à savoir le tabac, l'alcool, le manque d'activité physique ou l'excès alimentaire, par exemple. De même, lorsque l'on cite des chiffres alarmistes sur l'augmentation des cancers, certains parlent même de 70 % d'augmentation en France. Les lanceurs d'alerte se gardent bien de faire la part des choses entre ce qui relève du vieillissement de la population, de l'amélioration du diagnostic, et de la réelle augmentation des cancers. Lorsque tous les hommes, au-delà d'un certain âge, font un dépistage du cancer de la prostate, il est évident que cela augmente fortement le « nombre » de cancers. De même, lorsque l'on réduit toutes les causes de mortalité précoce, alors on augmente mécaniquement la mortalité par maladies cardio-vasculaires et par cancer. Ne minimisons pas les problèmes ou les risques, mais méfions-nous des conclusions hâtives.

Dans nos sociétés développées, tout conduit donc à faire du cancer la pathologie majeure, parce que son incidence ne peut qu'augmenter, et parce qu'elle est alimentée par des annonces régulières sur tout ce qui est susceptible de le favoriser.

Hasard, fatalité et santé : l'aversion pour le risque

L'aversion pour le risque est profondément ancrée dans la nature humaine, et nous n'acceptons pas le hasard, car il renvoie à l'absurdité de la condition humaine que Camus a si bien dépeinte. Par exemple, si l'on nous propose un jeu où nous avons le choix entre gagner immédiatement 80 euros ou avoir 85 % de chances de gagner 100 euros, la majorité d'entre nous choisira la certitude de gain, alors que mathématiquement la seconde option est plus intéressante.

« *Il apparaît que dans de nombreux jeux, même ceux qui sont parfaitement équitables, les joueurs préféreront subir une perte plutôt que d'y participer ; ceci constitue l'aversion de la nature à l'égard du hasard*[1]...»

Toute notre société est orientée vers la réduction des incertitudes et du hasard, tous nos biens d'équipements font l'objet d'une fiabilité sans faille et, même dans les catastrophes naturelles, nous cherchons des responsabilités humaines.

Cette aversion pour le risque a conditionné toute l'histoire de la médecine et explique nombre de nos réactions face à la maladie. Historiquement la médecine a cherché à réduire le hasard et à combattre les maladies les plus fréquentes. Ces maladies étaient majoritairement des maladies infectieuses, que l'homme a subies pendant des siècles. On pourrait les qualifier de maladies « du dehors », celles que l'on attrape, par opposition aux maladies du « dedans », celles que l'homme développe par ses comportements. Il s'agit bien évidemment de perception, la réalité scientifique étant bien plus complexe et moins manichéenne.

Aujourd'hui, le risque de mourir prématurément n'a jamais été aussi bas et donc aussi inacceptable ! Car c'est là le paradoxe : plus la probabilité du risque diminue, moins il est acceptable ! Nous acceptons mieux les risques fréquents que les risques rares ! Par exemple, la mortalité infantile fait partie de la fatalité dans les pays les moins développés, car malheureusement elle est fréquente ; en revanche, chez nous, la mort d'un enfant est perçue comme inacceptable.

À mesure que le risque diminue, la maladie ou la mort prématurée deviennent donc de moins en moins acceptables. À ceci s'ajoute le fait que nous vivons dans des sociétés où l'homme contrôle de plus en plus son destin, tout comme la nature et les éléments. Notre incapacité à vaincre la maladie paraît donc en complet décalage face au progrès technologique qui nous entoure.

---

1. Bernoulli, 1738.

La réflexivité prend le pas sur la spontanéité

Une des évolutions marquantes de nos sociétés développées et vivant en situation d'abondance est le développement de ce que les sociologues appellent la réflexivité. Le concept se cachant derrière ce mot est relativement simple. Pour simplifier, il s'agit du contraire de « l'allant de soi ». Dans notre vie, de nombreuses idées, de nombreux actes sont de l'ordre de « l'allant de soi ». Ceci signifie que nous ne réfléchissons pas à leur sens, nous ne les remettons pas en cause, ils font partie de nos acquis. Or, nous vivons dans une société où de moins en moins de comportements vont dans ce sens. L'augmentation de la réflexivité implique que nous sommes amenés à nous poser des questions sur tout, et que les choses, pour être acceptées, doivent être justifiées. Elle explique, associée au développement de la société de consommation, que le médecin doive expliquer son diagnostic et justifier du traitement choisi. Le patient ira alors sur Internet vérifier si son médecin lui a bien prescrit le traitement le plus adapté et le plus à la pointe de la science, même si sa pathologie est bénigne et qu'il n'en a nul besoin.

La montée de la réflexivité est également flagrante dans le domaine alimentaire. Souvenons-nous des discours de Jacques Séguéla sur le produit star : tout était porté par la marque, elle suffisait à donner sa valeur au produit. Ce temps est bien révolu dans le domaine alimentaire, et même les plus grandes marques doivent justifier leurs promesses pour obtenir la confiance des consommateurs. Plus rien n'est acquis, tout peut être remis en cause et sujet à réflexion. Ceci est d'autant plus vrai que le niveau social de la personne est élevé.

Le Français moyen n'existe pas

Le consommateur se trouve aujourd'hui confronté à un « hyper choix » et à un relâchement des normes sociales contribuant à la réflexivité. Face à cette situation, il n'est pas étonnant que les attitudes et les comportements évoluent. La mère de famille, devant les milliers de produits alimentaires à sa disposition dans les linéaires de son hypermarché, va devoir choisir et structurer l'alimentation de la famille au travers d'un large faisceau d'influences. Son éducation, son budget, ses contraintes pratiques, le goût de ses enfants et de son conjoint, la publicité et les promotions et, aujourd'hui, l'aspiration à la santé. Concilier tout cela au quotidien est un exercice qui peut devenir complexe si l'on veut introduire du raisonnement dans chaque choix. Et les études nous montrent que tout le monde ne s'en sort pas aussi bien, selon ses revenus, ou selon son origine sociale.

Quantité consommée : comparaison entre les adeptes de nutrition
et les autres groupes (base 100 : autres groupes)

Fruits frais	151
Soupes	144
Légumes frais	136
Poissons-crustacés	126
Eaux	116
Ultra frais laitier	116
Boissons chaudes	114
Pains-biscottes	110
Plats composés	80
Pizzas-quiches	64
Boissons sucrées	48
Sandwichs	32

Guide de lecture :
les adeptes de la nutrition mangent
une fois et demi plus de fruits frais
par rapport à l'ensemble des autres groupes

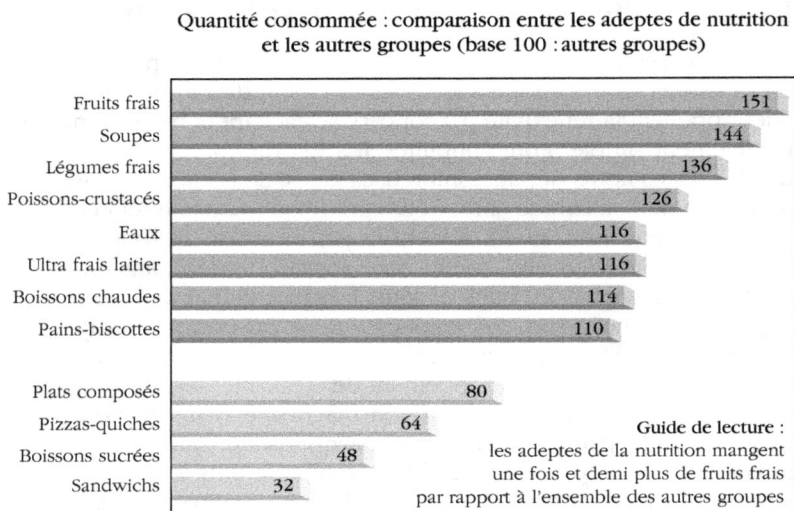

**Figure 3 – Les comportements des adeptes de la nutrition.
(Source : Credoc, CCAF 2004)**

Chez les personnes les plus aisées, la santé est une préoccupation centrale, et la contrainte budgétaire peu présente. C'est chez eux que l'on trouve ceux que le Credoc appelle les « adeptes de la nutrition ». Leurs comportements, notamment sur le plan alimentaire, s'accordent avec les recommandations de santé publique. Ces dernières ne sont pas vécues comme une contrainte, mais plus comme les règles d'une bonne hygiène de vie, au même titre que la politesse ! Les messages de santé publique ne sont donc que la confirmation de comportements acquis par éducation, répondant aux grandes règles de la tempérance.

Dans les milieux moins favorisés, les choses sont plus complexes : tout d'abord, la préoccupation de santé est beaucoup moins prégnante. En effet, pour se préoccuper de santé il faut pouvoir se projeter dans l'avenir, ce qui est plus difficile dans des milieux plus modestes. Les préoccupations sont plus financières, davantage liées aux risques de perte d'emploi ou à la volonté d'intégration qu'à la recherche de la santé à tout prix. La vision est donc par nature plus orientée vers la recherche de solutions rapides à d'éventuels problèmes : on observe ainsi que les milieux modestes sont les cibles toutes désignées des régimes miracles qui inondent les magazines aux premiers rayons de soleil.

Dans ces milieux sociaux, l'alimentation est d'abord un plaisir, qui ne doit pas souffrir de restrictions quantitatives, mais qui, dans le même temps, reste sous contrainte financière. On voit ici toute la difficulté des campagnes de promotion officielle des fruits et légumes. Si la présentation zen et épurée des fruits et légumes frais, très « intellectuelle », est efficace sur les milieux favorisés déjà consommateurs, comment atteindre les petits consommateurs pour qui les légumes sont chers, pas très « fun » et longs à préparer ?

Si nous insistons sur ces différences sociales en matière de comportements, c'est que les études nous montrent qu'il n'y a pas de Français moyen, et que la fracture nutritionnelle se creuse. L'étude ObEpi[1] montre, par exemple, que de 1997 à 2003, l'obésité progressait dans toutes les catégories de la population. Mais entre 2003 et 2006, la prévalence de l'obésité a baissé chez les cadres supérieurs, les artisans et les commerçants. Les attitudes et les comportements sont donc fortement liés à l'appartenance sociale, et probablement ethnique. La façon de communiquer sur la santé, pour les industriels comme pour les pouvoirs publics, doit donc s'adapter à la cible pour avoir une chance d'être suivie d'effets. Les grands médias de masse sont efficaces pour faire émerger une préoccupation de santé au sein de la société, mais ils sont peu adaptés pour modifier les comportements individuels.

De nombreux sondages sont réalisés sur la santé et nous fournissent une masse considérable d'informations sur les Français et leurs attitudes face à la santé. On ne doit jamais oublier que les sondages sont basés sur des déclarations. Et donc, lorsqu'il s'agit de comportements, ils doivent être interprétés et analysés avec précaution. Il n'est pas possible ici de détailler tous les sondages réalisés sur la santé, mais deux études de l'Institut National de la Prévention et de l'Éducation pour la Santé (INPES) nous éclairent sur les craintes des Français en matière de santé d'une part, et la perception de leur état de santé d'autre part.

> Que craignent les Français en matière de santé ? Le baromètre santé 2005 de l'INPES nous apporte des éléments de réponse. Les accidents de circulation, cancers et aliments transformés constituent le trio de tête, suivis par les maladies cardiaques. Nous voyons ici que les craintes des Français sont fortement marquées

---

1. Enquête ObEpi 2006 réalisée du 27 janvier au 16 mars 2006 auprès d'un échantillon de 23 747 individus âgés de 15 ans et plus, représentatif de la population française.

par la pression médiatique. La sécurité routière est un enjeu réel, mais les accidents de la route ne provoquent « que » 7 600 décès par an, à comparer aux 155 000 décès par cancers ou 161 000 décès par maladies cardio-vasculaires. Quant aux décès liés aux aliments, nous sommes incapables de les chiffrer ; ce qui n'est pas le cas des suicides, qui provoquent plus de 10 000 décès par an. Enfin le Sida arrive très loin dans la hiérarchie des risques.

On comprend, à travers ce sondage, quelques-uns des éléments de la perception des risques : au-delà de la gravité même du danger du sida, il y a la notion de « sentiment d'exposition ». Or on se sent bien plus exposé aux aliments transformés, que l'on consomme chaque jour, qu'au sida. De plus, le premier est un risque subi, alors que le second est aujourd'hui perçu comme un risque lié soit à un manque de protection, soit à des pratiques sexuelles considérées comme en dehors de la norme sociale par une majorité de Français.

En matière de qualité de vie, les femmes affirment se sentir moins bien que les hommes et pourtant elles se portent objectivement mieux ! C'est ce que confirme le baromètre de l'Institut National de la Prévention et l'Éducation pour la Santé (INPES), et ce n'est pas une spécificité française. Il semble que les femmes soient, par nature, plus anxieuses et plus préoccupées par leur santé et celle de leur famille que les hommes.

Cet écart est maintenu quel que soit l'âge des personnes interrogées. Les hommes perçoivent généralement leur santé comme bonne, avec un sommet vers 25 ans puis une baisse progressive avec l'âge. Chez les femmes, on observe une chute de la perception de la santé générale à l'adolescence, alors que le sommet se situe plus tard que chez les hommes.

Si l'on approfondit cette question, on observe que c'est bien le sentiment d'anxiété plus prononcé chez les femmes qui explique le moindre score de qualité de vie et qui illustre bien le concept de santé globale. Il ne suffit pas de ne pas être malade, ce qui est bien le cas chez les jeunes femmes, pour se sentir en bonne santé et avoir une bonne qualité de vie.

Tabac, alcool et campagnes comportementales

La France est un pays de tradition viticole, et nous avons été longtemps les plus grands buveurs d'alcool de l'Europe de l'Ouest. L'histoire de la lutte contre l'alcoolisme éclaire les interactions entre la

**Score de santé générale parmi les Français âgés
de 12 à 75 ans, selon l'âge en 2000 et 2005**

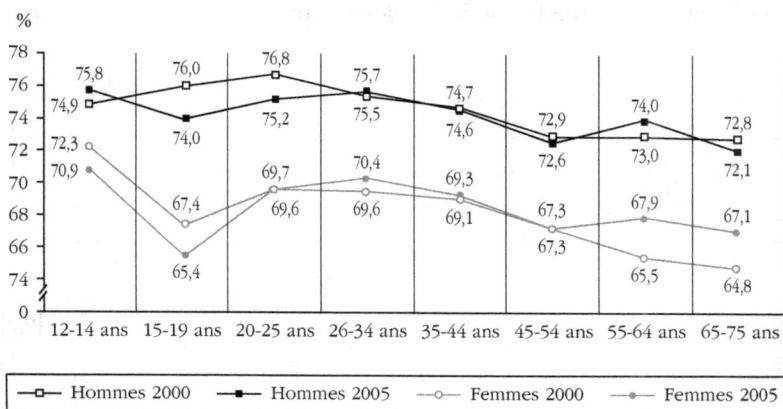

Figure 4 – **Évolution du sentiment de qualité de vie selon l'âge.
(Source : Baromètre Santé 2005, *www.inpes.sante.fr*)**

santé publique, la politique et les comportements des consommateurs. Elle est surtout révélatrice de l'évolution des rapports de nos sociétés avec la santé, et de l'importance de la morale dans ces rapports.

L'alcool a longtemps été un fléau social et a fait l'objet de nombreuses campagnes visant à en diminuer la consommation. Ces campagnes ont porté leurs fruits puisqu'au cours des quarante dernières années la consommation d'alcool pur est passée de 18 litres par an et par habitant à un peu moins de 10 litres. La réputation des Français d'être les plus gros consommateurs d'alcool d'Europe n'est d'ailleurs plus justifiée et les différences entre pays sont de moins en moins marquées. À quoi attribuer cette baisse de la consommation ? Probablement à un ensemble de facteurs, parmi lesquels l'amélioration des conditions sociales et les campagnes de sensibilisation. Il est en effet clair que la réduction de la misère sociale et le changement de regard sur l'alcool ont fortement joué dans cette baisse de consommation. Ces changements ont produit des effets positifs mesurables sur les morts prématurées liées à l'alcool : la preuve en est la quasi-disparition des services de traitement des cirrhoses en hôpital. Les campagnes contre l'alcoolisme ont connu un vrai succès, qu'il faut néanmoins nuancer et analyser. En effet, si la consommation d'alcool continue de baisser, elle est le fait de la baisse du nombre de buveurs. En revanche, le nombre d'alcooliques reste stable. Et surtout, si les jeunes boivent de moins en moins, ils ont de plus en plus d'ivresses. Nous sommes en train de passer d'un modèle de consommation régulière dans un cadre social à la « cuite » du samedi soir, à l'anglo-saxonne.

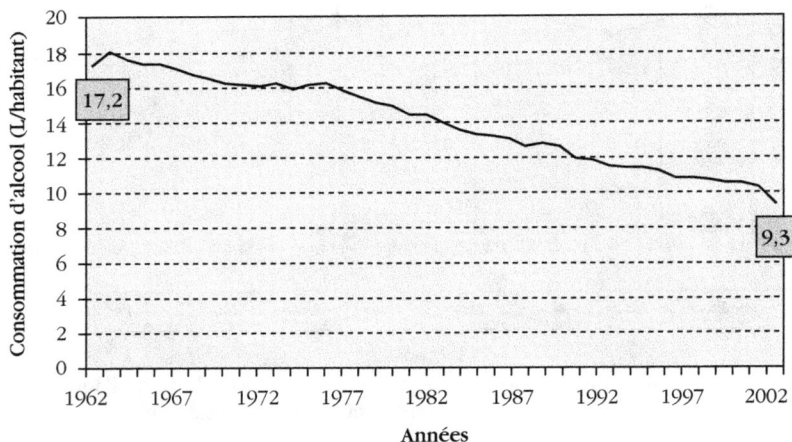

Figure 5 – Évolution de la consommation d'alcool pur en France entre 1962 et 2003. (Source : Serge Michels, d'après « World Drink Trends Edition 2005 » World Advertising Research Center)

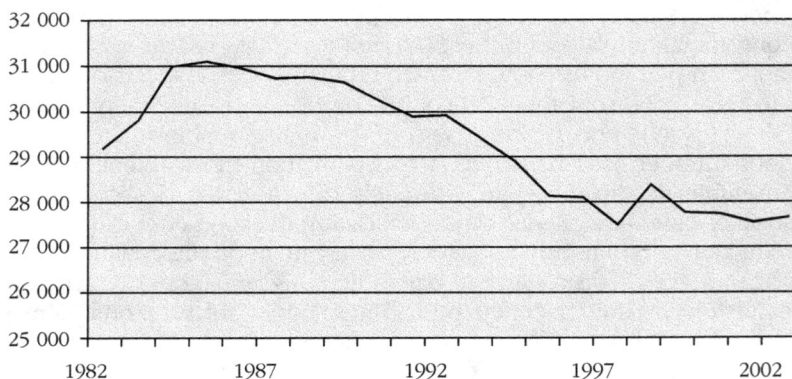

Figure 6 – Évolution du nombre de décès prématurés (avant 65 ans) liés à l'alcool chez les hommes en France. (Source : Serge Michels d'après l'Assurance Maladie, 2003)

Ceci pose la question des messages que notre société envoie aujourd'hui sur l'alcool.

Les messages de santé publique sont progressivement passés d'une lutte contre l'alcoolisme et ses conséquences dramatiques, à une lutte contre l'alcool. Le « un verre ça va, trois verres bonjour les dégâts », message de modération parfaitement justifié, est devenu « chaque goutte compte », message discutable sur le plan scientifique puisque les buveurs modérés vivent plus longtemps que les non-buveurs !

> La question qui se pose aujourd'hui est celle de l'usage de l'alcool et des communications à mettre en œuvre, avec la nécessité de lutter contre l'alcoolisme, d'affronter les vrais problèmes sociaux qui conduisent à l'alcoolisme, tout en évitant que l'alcool ne devienne un produit de transgression chez les jeunes. Cela conduit probablement à de nouveaux modes d'action et de communication, plus proches du terrain et de l'individu.

L'exemple du tabac éclaire quant à lui sur la façon dont la morale et la science ont été utilisées pour justifier son interdiction dans les lieux publics. La lutte contre le tabagisme a été longtemps centrée sur la communication du risque auprès des fumeurs : information sur les paquets de cigarettes, campagnes de publicité, interdiction de la publicité sur le tabac et augmentation spectaculaire des taxes. Cette politique avait atteint ses limites : on ne peut pas interdire le tabac, sous peine de s'attaquer à la liberté individuelle. C'est dans ce contexte que l'on voit apparaître, dans les années 70, les premières publications sur le tabagisme passif. Ce concept, qui n'a suscité que 65 études scientifiques avant 1980, en suscitera 2 800 entre 1990 et 2000, et autant depuis 2000. Pour comprendre l'explosion de ce concept, au-delà de la question scientifique, il faut se pencher sur la sociologie du risque. Faire courir un risque aux autres pour son propre bénéfice suscite l'indignation : c'est tout à fait immoral. C'est le message que porte le concept du tabagisme passif : il permet de dire à la société que les fumeurs nous font courir un risque à tous, y compris les enfants, pour leur propre plaisir. Il devient donc socialement acceptable d'interdire le tabac dans quasiment tous les lieux publics, depuis les bureaux ou les boîtes de nuit, où l'exposition des non-fumeurs est certainement forte, jusqu'aux quais de gare, où l'exposition est évidemment très faible.

Malgré de bons résultats, on ne parvient toutefois pas à stopper la consommation de tabac chez les jeunes, où elle reste relativement élevée, puisque près de la moitié des hommes de 25 ans fument encore aujourd'hui, et environ le tiers des adolescentes.

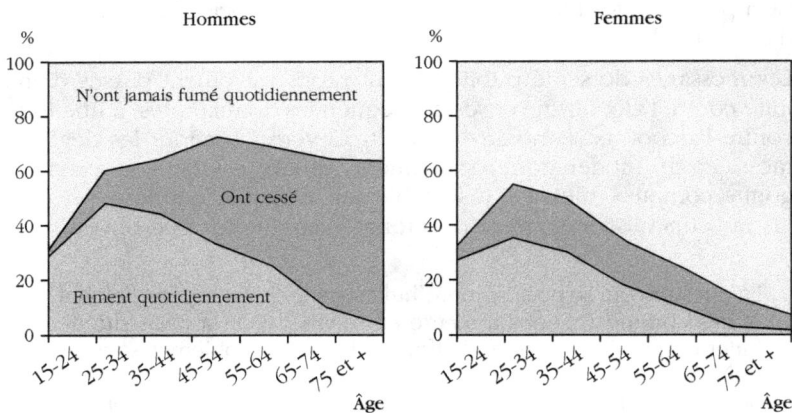

Source : Enquête « Comportements vis-à-vis de la santé », partie variable
de l'enquête permanente sur les conditions de vie de mai 2001, Insee.

Figure 7 – La relation au tabac quotidien selon le sexe et l'âge

Les pouvoirs publics essaient de lutter contre le tabagisme chez les jeunes, mais c'est un exercice difficile. Si l'argument du prix est bien un frein à la consommation chez des jeunes dont les ressources sont limitées, il a perdu de son efficacité avec le développement de la contrebande, impliquant une consommation qui n'est plus comptabilisée dans les statistiques et ne remplit pas les caisses de l'État !

Quant à l'argument de la santé, on sait que sa portée est limitée : lorsqu'on a 15 ans, le cancer n'est pas vraiment une préoccupation et ce sont plutôt les conduites à risque qui sont valorisées.

Il est probable que la baisse de consommation du tabac passe par un travail sur les représentations sociales de la cigarette, notamment chez les jeunes. Il s'agit encore d'un travail long et complexe ! Dans cette perspective, quel rôle et quelle efficacité pour les campagnes de communication comportementales ? Face aux grands enjeux de santé publique, l'État a depuis très longtemps mené des campagnes de santé publique.

Cette mission est aujourd'hui confiée à l'Institut National de Prévention et d'Éducation pour la Santé (INPES). Son budget, en 2006, était de 85 millions d'euros, et cela dans un contexte de réduction des dépenses de l'État. Ses actions sont essentiellement des campagnes de communication, dont le but est de sensibiliser les Français aux grands enjeux de santé publique.

Ces campagnes sont destinées à la prise de conscience des risques liés à un comportement. Mais suffisent-elles à changer les comportements ? Si elles sont indispensables à la sensibilisation, elles doivent ensuite être complétées par des actions de terrain pour toucher directement les personnes à risques, en s'appuyant notamment sur la dynamique de groupes : c'est, par exemple, le principe des *Alcooliques anonymes*.

Ce travail sur les modifications des comportements est probablement l'enjeu de demain pour les industriels.

La science découvre chaque jour des liens entre nos comportements et notre santé, conduisant l'État et les médecins à remettre en cause des produits ou des pratiques, avec le risque, pour les industriels, de voir leurs produits stigmatisés, et de perdre des consommateurs. À eux de s'y préparer.

Apparence du corps et état de santé

La relation entre l'apparence de notre corps et notre état de santé est ancrée dans nos croyances, et il est difficile de dissocier esthétisme et santé. En réalisant une analyse sémantique des discours santé dans les médias, il apparaît que la classification des vertus des aliments se fait d'abord en fonction de leur teneur en calories. En clair, ce qui fait grossir ne peut être totalement bon pour la santé, et ce qui ne contient pas d'énergie est bon pour la santé.

Car le premier indicateur de santé pour tout un chacun reste le poids. Pourtant, la norme esthétique n'est pas la norme médicale, et c'est là que les problèmes commencent. Comme l'a confirmé l'étude d'Estelle Masson pour l'Observatoire Cidil des Habitudes Alimentaires (OCHA), seulement une femme sur six se sent bien dans son corps, bien que, dans la majorité des cas, ces femmes aient un poids normal. Car le poids idéal sur le plan esthétique se situe bien en dessous du poids de santé. En revanche, lorsque l'on demande à des Américains, ou à des Européens (dont les Français), s'ils se sentent en surpoids, on est très loin du compte. Environ 40 % des Américains se sentent en surpoids ou obèses, alors que les deux tiers le sont, quant aux Européens seuls 19 % se considèrent en surpoids alors que la réalité tourne autour des 40 % (chiffre variable selon les pays). Ce qui n'empêche pas que la majorité des Américains a suivi un régime et que 60 % des femmes françaises se pèsent au moins une fois par mois.

Cette obsession des régimes n'est pas sans conséquence pour la santé comme pour le poids. Et là réside toute la difficulté : il faut à la fois une régulation sociale sur le poids pour lutter contre l'obésité et, en même temps, éviter toute stigmatisation, souvent à l'origine des troubles alimentaires, comme la boulimie ou l'anorexie.

Agroalimentaire et santé, la nouvelle valeur ajoutée

L'industrie agroalimentaire, comme toute industrie, est dans une logique de croissance économique. Pour se développer, un industriel cherchera tout à la fois à développer son marché et à gagner des parts de marché sur ses concurrents. Mais les industriels de l'agroalimentaire rencontrent un problème de taille ! C'est que la taille de l'estomac des consommateurs est limitée et que la population française est relativement stable. Toute augmentation des volumes d'aliments vendus conduit schématiquement à un risque de faire progresser l'obésité, ce qui n'est pas un modèle de développement très durable !

Les industriels de l'agroalimentaire cherchent donc tout à la fois à se différencier de leurs concurrents et à justifier une valeur supérieure à leurs produits, permettant de maintenir leurs prix face aux attaques des marques de distributeurs. Le lien alimentation-santé étant évident pour la plupart de leurs consommateurs, très tôt les industriels de l'agroalimentaire ont perçu la santé comme une opportunité.

Danone a été l'un des premiers grands groupes agroalimentaires à positionner clairement sa stratégie sur la santé. Cela s'est traduit par la cession de ses activités en dehors du champ de la santé (notamment bière et aujourd'hui biscuits), et par la création, dans chacun de ses métiers principaux, de produits revendiquant clairement un bénéfice santé. Danone a été pionnier dans la façon de marketer la santé sur des produits de masse et d'en faire la promesse centrale sur le produit.

L'exemple d'Actimel

Le produit a représenté 1 milliard d'euros en 2006, un record dans le marché saturé et mûr de l'alimentaire. La principale force d'Actimel est d'avoir réussi à créer un nouveau mode de consommation qui n'est pas venu cannibaliser les produits existants, mais au contraire s'additionner au chiffre d'affaires du groupe, avec un prix de vente au kilo presque 3 fois supérieur à celui du yaourt nature et peu de concurrence de la part des marques distributeurs, contrairement aux produits plus classiques.

• • •

●●●

> Mais Danone n'est pas le seul. La plupart des autres groupes ont investi le domaine de la santé, augmentant ainsi fortement leurs dépenses de Recherche et Développement pour créer de nouveaux produits ou améliorer le profil nutritionnel de leurs produits existants.

C'est bien sûr le cas de Nestlé, dont la stratégie affichée d'être la première *wellness company* du monde trouve ses applications aussi bien dans la recherche fondamentale pour de nouvelles valeurs ajoutées que dans l'amélioration drastique des profils nutritionnels de ses produits, l'information et l'éducation des consommateurs et des prescripteurs, jusqu'à l'attention portée à ses employés dans le cadre de programmes d'animation et de coaching personnalisés.

Selon JP Morgan, les budgets R&D ont doublé dans l'agroalimentaire entre 2002 et 2004, essentiellement pour rester compétitif sur le marché de la santé.

Ce marché est aujourd'hui une réalité économique : selon le Credoc, entre 56 % et 66 % des Français consomment des aliments santé au sens large, c'est-à-dire comprenant également les compléments alimentaires. Cette consommation augmente avec l'âge, le revenu, le niveau d'instruction et le fait d'habiter en ville.

Selon AC Nielsen, les catégories de produits alimentaires qui connaissent la plus forte croissance sont des produits bénéficiant d'une bonne image santé. Parmi les dix plus fortes progressions, on retrouve les yaourts, les boissons au soja, les fruits surgelés, les substituts de sucre. Et à l'opposé, parmi les produits dont la croissance est la plus faible, on trouve notamment les corps gras ou les sauces.

Cette tendance n'est pas une spécificité française mais mondiale.

Compléments alimentaires : l'avenir est à la preuve

Ils surfent bien sûr sur la vague santé, et leur consommation s'est fortement développée au cours des dernières années. Si nous n'en sommes pas au niveau des Américains ou des Anglais, aujourd'hui plus d'un Français sur dix consomme des compléments alimentaires. Une société comme les laboratoires Oenobiol a vu son chiffre d'affaires passer de 28 millions d'euros en 2001 à 41,6 millions d'euros en 2005. Et les pharmacies regorgent aujourd'hui de compléments alimentaires, dont le prix au kilo fait rêver les industriels de l'agroalimentaire.

Ces produits sont à mi-chemin entre le médicament et l'aliment, avec principalement deux types de promesse : corriger les déséquilibres supposés de l'alimentation moderne ou apporter des bénéfices très ciblés. Dans le premier cas, le marché est nourri par le mythe d'une alimentation moderne déséquilibrée, entretenu par les médias. La distance croissante entre le producteur de l'aliment et le consommateur, liée à l'industrialisation de l'alimentation, est source d'inquiétude. Nos aliments seraient raffinés par l'industrie et perdraient ainsi les vertus que la nature leur a données, ce qui permet aux compléments alimentaires à base de vitamines de surfer sur les discours associant vitamines et longévité. Dans un autre registre, les compléments alimentaires accompagnés de promesses de minceur, « brûle-graisses », « coupe-faim », « draineurs », représentent un énorme marché. Le paradoxe étant que ces produits, plus proches du médicament que de l'aliment, revendiquent tous les bienfaits de la nature par l'origine végétale de leurs ingrédients.

Quel est l'avenir de ces produits ? Prometteur, si l'on en juge par leur développement et l'attente à laquelle ils répondent. Mais leur avenir pourrait s'assombrir avec la mise en application du nouveau règlement européen sur les allégations nutritionnelles. Ce dernier renforce considérablement les exigences en matière de preuves scientifiques pour revendiquer un bénéfice. Et de nombreux acteurs risquent de ne pas avoir les moyens financiers pour conduire les études nécessaires à l'obtention du droit d'alléguer.

Hypermarché et hyper-santé

La distribution moderne a largement contribué à la baisse des prix de l'alimentation et à l'élargissement de l'offre disponible pour le consommateur, donc à la diversification de notre alimentation. Elle a également contribué à l'affirmation des grands groupes agroalimentaires, la concentration des acheteurs entraînant à sa suite la concentration des fournisseurs dans la recherche permanente d'un rapport de forces équilibré. Cette recherche de performance économique a contribué à améliorer l'état de santé de la population en permettant à chacun d'avoir accès à une alimentation lui fournissant tous les nutriments dont il a besoin.

Les travaux d'économistes comme Robert William Fogel ont montré que l'apport d'une alimentation de qualité permettait de contribuer à réduire les inégalités sociales. Mais si les progrès de l'agriculture et de la distribution ont réduit l'inégalité économique face à l'alimentation, ils ont eu pour contrepartie de favoriser le développement de l'obésité.

Le coût de la calorie baissant, une grande majorité dispose aujourd'hui de la capacité financière de s'alimenter au-delà des ses besoins. Le rôle de la grande distribution dans le domaine de la santé est aujourd'hui multiple. On peut retenir quatre rôles principaux :

- Un rôle de producteur : les produits de marque des distributeurs sont conçus selon le cahier des charges des grandes enseignes de distribution et l'on ne peut parler de santé publique sans tenir compte d'environ un quart de la consommation alimentaire ! Car aujourd'hui ces marques de distributeur font partie de l'univers alimentaire et sont largement reconnues par le consommateur, comme le montrent les études du Credoc.
- Un rôle de sélectionneur : le distributeur, selon la place qu'il alloue aux produits dans ses linéaires, influence la consommation alimentaire. Si les distributeurs sont souvent critiqués pour la pression économique qu'ils exercent sur les producteurs de fruits et légumes, force est de reconnaître qu'ils accordent une large place à ces produits en terme de surface. Certes, ils y pratiquent des marges importantes, mais, en contrepartie, ils valorisent un produit complexe à travailler, car périssable et fragile.
- Un rôle d'informateur : par la transversalité de leur offre alimentaire, les distributeurs sont bien placés, et peut-être les mieux placés, pour parler et promouvoir l'équilibre et la diversité alimentaire. Il y a là une vraie responsabilité, mais aussi une opportunité pour faire du lieu de vente, un lieu plus pédagogique, voire militant, pour une meilleure hygiène de vie.
- Enfin un rôle de promoteur, par la pression économique qu'ils exercent sur notre alimentation. Bien sûr elle est positive, dans la mesure où elle libère du pouvoir d'achat et est source de progrès économique, mais elle peut également être négative vis-à-vis de la santé. En effet, produire des aliments riches sur le plan nutritionnel coûte cher. Tout simplement parce que la viande, les légumes, les fruits coûtent plus cher que la farine ou le sucre. Ce sont les ingrédients nobles qui font la valeur nutritionnelle d'un produit, mais aussi son prix. Toute pression excessive sur les prix peut conduire à baisser la qualité nutritionnelle des aliments par la recherche de matières premières moins chères.

Le consommateur est-il rationnel ?

« Le consommateur est irrationnel », entend-on souvent. On l'abreuve d'informations sur sa santé, et il agit en dépit du bons sens, du moins du bon sens porté par la rationalité des experts. Dans les faits, le consommateur n'est pas irrationnel : ses comportements sont explicables, et obéissent à une autre rationalité que celle des experts. Par exemple, dans le domaine alimentaire, une croyance bien ancrée consiste à penser qu'il suffit d'informer les consommateurs et de leur donner les clés nécessaires à un choix éclairé pour changer leur comportement. Si on les interroge sur les éléments nutritionnels à éviter selon leur catégorie sociale, on observe qu'ils répondent tous de façon similaire. Pourtant, leurs comportements sont très différents. Par exemple, tout le monde sait aujourd'hui que les légumes sont recommandés pour la santé ; jamais le message n'a été autant diffusé. Or, la consommation est en baisse, particulièrement chez les jeunes, et les catégories les plus favorisées en consomment plus que les ouvriers. Pourquoi les ouvriers ne le font pas davantage alors qu'ils sont parfaitement informés ? Notamment pour des raisons de revenu. Il existe une relation linéaire entre le revenu du ménage et la consommation de fruits et légumes. L'autre raison est une question de représentation. En effet, ce sont les ouvriers qui consomment le plus de viande, aliment cher, certainement parce que c'est un aliment symboliquement très important (ne dit-on pas « gagner son bifteck » ?). Alors que les légumes sont des aliments toujours présentés comme des produits plus « intellectuels », associés à un univers zen et purificateur. On est là bien loin des représentations de l'alimentation dans les milieux populaires, où le goût et la capacité à nourrir sont essentiels. Et à force de répéter que les légumes sont bons pour la santé, on martèle, en creux, qu'ils ne sont pas bons au goût. Car nous opposons tous, plus ou moins consciemment, plaisir gustatif et santé.

Ces exemples illustrent à quel point la médecine et les sciences dites « dures » ont à apprendre de la sociologie et la psychologie. C'est une règle élémentaire de la communication : ce n'est pas le message qui compte, mais sa compréhension et sa perception par le récepteur. L'heure n'est plus à la morale (arrêtez de boire et de fumer, mangez moins, réduisez le sel, évitez les graisses saturées, faites de l'exercice physique...). L'heure n'est plus à l'injonction de santé, mais au marketing social, c'est-à-dire à l'utilisation des techniques du marketing au service de la santé publique.

Internet, la communauté au service de la santé

La santé est devenue le premier domaine d'interrogation sur Internet, et Internet est en passe de révolutionner la santé. Avec plus de la moitié des Français équipés d'ordinateurs à domicile, le développement exponentiel de l'ADSL, auquel s'ajoutent les connexions sur le lieu de travail, la majorité des Français peut aujourd'hui se connecter à Internet et passe en moyenne 30 heures par mois devant son écran. Un site comme Doctissimo, leader des sites santé grand public en France, accueille 3 millions de visiteurs chaque mois et informe 500 000 abonnés *via* sa newsletter. Au total, ce sont 6 millions de Français qui chaque mois visitent un site lié à la santé. Et si les sujets d'interrogation sont multiples, le temps passé en ligne et les raisons de consultation sont révélateurs des attentes des internautes en matière de santé. Avec une durée moyenne de consultation de 18 minutes, les Français cherchent avant tout à être rassurés sur l'offre de soins, que ce soit les établissements, les médecins ou les thérapeutiques. Nous sommes bel et bien entrés dans l'ère de la consommation de santé, et le patient tient à se renseigner sur ses préoccupations de santé et sur la qualité de l'offre, avant ou après la consultation.

L'autre révolution en cours à travers Internet est celle du communautaire, résumé sous l'appellation « Web 2.0 ». Cette révolution abolit les frontières et bouleverse la relation médecin/patient. Chacun devient un expert et fait partager son expérience, notamment au sein des forums. Les *Web opinion leaders*, deviennent les guides de l'internaute en quête d'information. Ces nouveaux leaders d'opinion remettent en cause tous les schémas classiques de l'information, sur la santé comme sur d'autres thématiques.

Si l'on regarde l'histoire de l'information en matière de santé, le médecin était la première source disponible et crédible pour le patient. Détenteur du savoir, le médecin disposait du pouvoir. Puis les médias grand public traitant de santé – télévision ou presse – ont connu un formidable essor. Internet a ensuite rendu accessible à tous l'information scientifique, qu'elle émane des autorités de santé, ou de sites santé. Mais l'on restait toujours dans le schéma classique du patient consultant les experts « officiels », les détenteurs du savoir.

Aujourd'hui, le *Web opinion leader* est tout à la fois un pair avec qui l'on partage de l'expérience, et une nouvelle forme de journaliste. Il possède de plus une forte crédibilité, car il est perçu comme déconnecté de tout intérêt financier. Il est au service de la communauté et non d'un intérêt particulier. Et l'on sait que l'expérience personnelle est souvent considérée comme plus forte que la parole d'un expert : la simple phrase « *moi j'ai essayé ce médicament et ça ne m'a rien fait* » peut ébranler des années d'études cliniques. C'est un nouveau défi pour les marques, les pouvoirs publics et les journalistes, car le pouvoir est désormais aussi dans les mains de la communauté.

Étiquette : sous le signe du verso

Le packaging des aliments a toujours été le premier support d'expression publicitaire des marques, mais au fil du temps la fonction d'information s'est développée, poussée par la réglementation et la pression du mouvement consumériste.

Le premier combat des associations de consommateurs a été d'obtenir une liste détaillée des ingrédients mis en œuvre dans les aliments. Ce qui nous semble une évidence aujourd'hui a pourtant été longuement combattu par les industriels. Révéler la liste d'ingrédients, c'était révéler une partie des secrets de sa recette ! Secret qui a perdu de son mystère avec le développement de techniques d'analyse sophistiquées permettant de décortiquer la composition d'un produit jusque dans ses moindres détails.

Le combat suivant des organisations de consommateurs a été d'obtenir la composition nutritionnelle des produits. Avec le développement des connaissances scientifiques en nutrition, de l'obésité aux États-Unis, est apparue une demande forte pour un étiquetage nutritionnel sur les aliments. Paradoxalement, c'est du pays du libéralisme que sont venues, encore à ce jour, les mesures les plus contraignantes pour les industriels. La *Food and Drug Administration* (FDA) a imposé, sur tous les aliments industriels, la mise en place d'un étiquetage nutritionnel extrêmement complet. Le tout sans la moindre souplesse en matière de forme ou de taille : police de caractères, taille, tout est défini et strictement identique quel que soit le produit.

Cela a-t-il freiné le développement de l'obésité ? Malheureusement non, car si cet étiquetage est un vrai « plus » en matière de transparence, il s'est révélé plus adapté aux professionnels de santé qu'au consommateur, tant il est détaillé et ésotérique. En France, nous n'avons suivi que timidement la mode américaine : seuls les produits revendiquant des bénéfices pour la santé ont l'obligation légale de porter un étiquetage nutritionnel. On trouvait donc, jusqu'à ces deux dernières années, un étiquetage nutritionnel sur les produits les moins sujets à caution. Tout cela est en train de voler en éclat sous l'influence du développement de l'obésité. La pression sociale est devenue telle que les industriels, sous la menace de mesures de taxation ou de limitation de leurs pratiques commerciales, se sont engagés pour plus de transparence. Pour que le consommateur puisse faire des choix responsables et éclairés, encore faut-il lui en donner les moyens : c'est-à-dire qu'ils disposent d'une information lisible et compréhensible. Ce qui est loin d'être le cas aujourd'hui, d'une part parce que de nombreux produits ne portent pas d'étiquetage nutritionnel, et d'autre part parce que la forme de l'étiquetage est loin d'être tournée vers le consommateur. La loi impose que l'on parle de quantité de nutriments pour 100 grammes d'aliments, ce qui en général ne correspond pas à la quantité que nous mangeons, et surtout le commun des mortels n'a aucune idée de la quantité de nutriments qu'il doit ingérer chaque jour. Par exemple, on nous dit que 100 grammes d'un fromage contiennent 10 grammes de graisses saturées, comment savoir si cela est beaucoup sachant que l'on mange 30 grammes de fromages et que le commun des mortels ignore si les graisses saturées sont bonnes ou mauvaises pour la santé et combien l'on doit en consommer par jour ?

Face aux limites du système actuel, d'innombrables initiatives ont jailli pour améliorer la lisibilité des étiquetages nutritionnels pour le consommateur. Mais les enjeux politiques sont forts autour de ce sujet, les uns souhaitant que l'étiquette exprime clairement si le produit est recommandé ou non pour la santé, à grand renfort de feux rouges si possible ; les autres arguant à juste titre qu'il n'y pas de bons ou mauvais aliments, mais de bons et mauvais régimes alimentaires, et qu'il faut donc informer sans diaboliser.

Cet exemple illustre bien cette tendance de nos sociétés : l'information obligatoire transfère la responsabilité dans le camp du consommateur. Elle donne au politique l'illusion d'avoir réglé le problème et gagné face au pouvoir économique. Elle protège juridiquement l'industriel, qui pourra affirmer que le consommateur était informé de la nature du produit. Mais cela règle-t-il le problème de fond ? La réponse existe outre-Atlantique...

Le patient impatient

Maladies évitables et mutations inévitables

En Europe, selon l'Organisation Mondiale de la Santé (OMS), pas moins de 76 % des maladies mortelles seraient évitables. 76 % ! Le chiffre laisse rêveur. Si l'on songe aux souffrances, aux malheurs, aux effets sur les familles, aux suites sur l'environnement proche, sans parler des conséquences sur l'économie, on reste sans voix. Si l'on se place au niveau mondial, on obtient 59 % de maladies évitables, contre 32 % provenant de causes infectieuses, et seulement 10 % d'accidents. L'OMS a structuré la planète en 6 zones distinctes. Dans 5 de ces 6 zones, la première cause des maladies est le mode de vie ! Et parmi ces causes, le phénomène le plus lourd et le plus inquiétant est l'épidémie d'obésité. 1,5 milliard d'habitants de la planète seraient en surpoids, et le monde comprendrait 414 millions d'obèses. Le plus étonnant est encore à venir : il y aurait en 2006 davantage d'obèses que de dénutris (mot horrible pour évoquer les personnes qui souffrent de malnutrition) sur la planète ! Dans la plupart des pays où il y a le plus de dénutris, il y aurait encore davantage d'obèses, dans un rapport de 1,1/ 1. En République sud-africaine, il y aurait 20 obèses pour 1 dénutri ! Coexistent dans le même pays, souvent à quelques kilomètres de distance, des personnes, des êtres humains qui meurent de faim à côté d'autres qui meurent de sur-nutrition. Ces constatations choquantes, voire révoltantes, sont pourtant le reflet d'une incroyable réalité. Dans beaucoup de pays émergents, en une seule génération, et sans aucune transition, on passe directement du statut de dénutri à celui d'obèse. Cette réalité constitue un phénomène nouveau, d'une ampleur considérable, qui fait partie du paysage de la « nouvelle santé », et qui mérite une analyse approfondie et une réflexion avancée.

Quelles sont les causes de ce phénomène ? La première est à rechercher au plan génétique. L'homme a dû, dans son histoire, faire face à de nombreuses famines. Son corps s'est adapté, notamment en stockant dans les périodes de vaches maigres. Nous sommes donc programmés génétiquement pour être gros. Ces « gènes d'épargne », ce mécanisme de stockage expliquent à la fois que notre espèce ait survécu aux famines, et explique aussi le phénomène de l'obésité. Le corps continue à stocker, même s'il n'en a plus besoin. Le corps ne sait pas qu'il y a un supermarché au coin de la rue, et continue à engranger. Aujourd'hui, en Occident notamment, on peut manger n'importe quoi, n'importe où, n'importe comment. Certains ont même pu dire que notre société était devenue obèsigène. Une offre pléthorique, une sollicitation extraordinaire, une société plus sédentaire où l'automobile est partout. Le résultat est là : on grossit. La progression est extrêmement rapide : 5 % de plus chaque année. Et ce sont les enfants qui sont le plus touchés : deux fois plus d'enfants atteints en 10 ans dans le monde !

Mais ce constat ne s'arrête pas là. En effet, aujourd'hui, on peut être obèse à 6 ans. À 18 ans, le jeune obèse a déjà 13 ans d'espérance de vie en moins. Nous venions à peine de nous habituer à voir, tous les 6 mois, notre courbe d'espérance de vie augmenter de 3 mois... Il faut déjà déchanter. Dans certains pays, le point d'inflexion est atteint et on assiste à un retournement spectaculaire : pour la première fois dans l'histoire de l'humanité, l'espérance de vie diminue en dehors des périodes de guerre. Oui, elle diminue ! Et cela à cause de l'obésité. Nos enfants risquent fort de mourir plus jeunes que nous !

Au-delà de ces chiffres bruts, on voit poindre des réponses. Aux États-Unis, c'est dans les États et les quartiers les plus pauvres que l'obésité est la plus forte. C'est la surconsommation alimentaire qui est le facteur explicatif central, en association avec la sous-information, la pauvreté, l'absence de prévention, avec la Sécurité sociale à deux vitesses. En Russie, c'est l'alcoolisme, et dans les pays émergents, c'est le passage brusque, sans formation ni information, à une société d'abondance qui génère ce phénomène.

Dans les villes qui suivent le programme Ensemble Prévenons l'Obésité des Enfants (EPODE), détaillé au chapitre 3, il y a 5 % d'enfants obèses issus des classes privilégiées, et plus de 25 % dans les catégories les plus défavorisées. C'est donc une maladie évidemment évitable, une maladie liée au mode de vie, une maladie de la pauvreté, de la sous-information, de la non-prévention, de la non-prise en compte du besoin de santé globale de la part des individus.

Notre société a-t-elle bien pris la mesure de ce phénomène ? Ce n'est pas certain. Nous sommes souvent étonnés de voir le faible nombre d'initiatives comparables à EPODE, c'est-à-dire de véritables actions de terrain basées sur la proximité et les réseaux sociaux. Et pourtant, il faut s'attendre à des réactions violentes de la part des consommateurs, des citoyens, des politiques. L'industrie agroalimentaire, la distribution, la restauration, pour ne citer qu'eux, risquent de voir leur environnement imploser ! La menace réglementaire, les boycotts, les retournements rapides, les procès, la chute des cours de Bourse, la défection des différents stakeholders qui risquent de vouer aux gémonies certaines entreprises... Tout cela constitue une probabilité réelle. Et ceux qui n'auront pas vu la menace arriver, qui n'auront pas effectivement modifié leurs comportements, qui ne seront pas préparés à la remise en cause de leurs modèles publicitaires seront directement menacés. Par exemple, dans les milieux scientifiques de la santé, certains considèrent en 2006 que le marketing enfant n'est pas conforme à l'éthique et que l'on devrait y adopter les mêmes règles que pour le tabac ! La santé devient ainsi un enjeu politique et économique majeur. Si au XXe siècle la politique internationale était la chasse gardée du Président français, ce sera peut-être la santé au XXe ! Les mutations sont donc à venir, en particulier pour les entreprises. Elles sont énormes. Les changements vont impacter les produits, les modes de production, le marketing, la promotion, le packaging, la communication, la relation aux prescripteurs... Qu'elle le veuille ou non, l'entreprise sera appelée sans aucun doute à devenir un allié santé pour contribuer à diminuer, voire éliminer les maladies évitables. Cette mutation est en marche.

Judiciarisation et consumérisme médical

En 1825, sous Louis XVIII, un médecin pourtant réputé rate un accouchement. Le nouveau-né est handicapé. La famille fait un procès en dommages et intérêts. L'Académie de médecine pose alors la question : peut-on invoquer la responsabilité civile ou pénale d'un médecin ? Au final, l'Académie exposera que, si l'on accuse le médecin, alors il n'osera plus exercer sa profession et prendre les risques inhérents à son métier.

On le constate, la judiciarisation de la médecine ne date pas d'hier. Aujourd'hui, la montée du consumérisme médical, et le renforcement du pouvoir du patient ont aussi, en quelques années, modifié radicalement la relation aux professionnels de santé. Passage d'une obligation de moyens à une obligation de résultat, influence des États-Unis, avènement du principe de précaution, consumérisme et recherche active d'information de la part du consommateur, tout concourt pour faire évoluer fortement cette relation, cruciale pour la santé.

Cette relation a largement évolué dans le temps. Jadis, le médecin avait une obligation de moyens. Il devait mobiliser les bons instruments de mesure, les bons outils de diagnostic, et les bonnes prescriptions. Il avait ainsi fait son travail dans les meilleures conditions, et personne n'aurait songé à lui reprocher une hypothétique fin malheureuse. Cette conception figure d'ailleurs dans les textes. Mais aujourd'hui, le patient-consommateur en a jugé autrement. Habitué à l'équation problème/achat de solution, que l'on pourrait aussi appeler l'équation désir/acquisition du produit, ou bien encore à la séquence médicament adéquat/guérison immédiate, l'obligation de moyens a volé en éclats pour laisser la place à une obligation de résultat.

Il est clair qu'aux États-Unis, bénéficiant (ou profitant) d'une législation différente de la nôtre, les rabatteurs des cabinets d'avocats attendent le client devant l'hôpital, au pied des urgences. Ce dernier, n'ayant rien à débourser, se lance volontiers dans la procédure. On ne compte plus le nombre de procédures menées aux États-Unis contre des médecins ! Le terme de *judiciarisation* ne traduit-il pas une prééminence du procès sur la lecture seule du droit ? Face à cela, le médecin américain moyen aura tendance à multiplier les précautions, les parapluies et les garanties. *Vite, y a-t-il un médecin parmi vous ?* clame le haut-parleur de la salle de cinéma ou de l'avion. Dans ces conditions, ce dernier aura-t-il tendance à se précipiter pour sauver le malade ? Rien n'est moins sûr !

Le principe de précaution santé s'est largement et rapidement développé chez nous. Dans le but d'informer le malade, ou bien pour limiter sa propre responsabilité, le médecin a quelquefois tendance à dramatiser la situation et à mettre en évidence des conséquences extrêmes pour des actes médicaux bénins dont les probabilités négatives sont infimes. En fait, on l'a vu, le désir de santé, de sécurité totale, l'exigence absolue de santé ne peuvent se satisfaire, du point de vue psychologique, du fait que l'on ne peut pas garantir à 100 % le succès de tel ou tel acte médical. La notion même d'aléa est en pleine contradiction avec notre exigence de santé.

Cette évolution semble lourde, car elle correspond à une double évolution, celle des mœurs et celle de la technique. En effet, on l'a vu, si l'on se place du point de vue du malade, ce dernier ne comprendrait pas que la médecine se juge différemment des autres disciplines. Habitué à la performance, à l'automaticité et à la technicité, il va utiliser les mêmes critères d'évaluation pour sa consommation de loisirs que pour sa « consommation » de santé. Le patient est devenu un consommateur qui veut guérir. Cette tendance est d'ailleurs renforcée par le poids croissant des acteurs de la consommation dans la santé. Par ailleurs, du côté du corps médical, le recours désormais systématique aux protocoles, aux procédures réglées, aux logiques codifiées renforce la perception purement technique du phénomène. Enfin, l'omniprésence et la banalisation de la médecine dans notre quotidien font qu'aujourd'hui le bien de santé devient un bien de consommation. Opération, examen radiologique, rappellent furieusement le rappel de la voiture ou la révision des 50 000 km. *Je dois être soigné et guéri puisque j'ai payé pour cela !*

Mais il est juste de dire que le patient s'informe. Cette évolution est rapide et profonde. L'utilisation d'Internet, nous l'avons déjà abordé, est par exemple fréquente chez les femmes enceintes ou les diabétiques. Le résultat, c'est que le patient arrive dans le cabinet du médecin avec une masse d'informations, des représentations, des opinions, voire même des stratégies. Le dialogue inégalitaire d'antan laisse place à des échanges, sinon totalement égalitaires, du moins largement rééquilibrés.

Nous avons donc affaire à plusieurs phénomènes convergents. Judiciarisation croissante, consumérisme, obligation de résultat, principe de précaution, information du patient... Tout s'entremêle pour former un filtre qui modifie radicalement la relation du patient au corps médical. Jadis, cette relation se jouait à bureau fermé dans un dialogue singulier, un tête-à-tête fait de confiance, où le patient comme le médecin se livraient totalement. Aujourd'hui, le bureau est grand ouvert sur la place publique, le dialogue est remplacé par un débat, et le corps social tout entier s'invite dans la relation. L'un regarde l'ordre des médecins, l'avocat, l'industrie du médicament, l'assurance maladie, le Ministère... L'autre consulte la presse spécialisée, Internet, fréquente les forums ou ses pairs. Comme sur une table de billard où la boule rebondit à plusieurs reprises avant de toucher sa cible, le dialogue prend de multiples biais et la communication se joue à plusieurs niveaux. Le non-dit rajoute à la difficulté de se comprendre. À la complexité du corps humain et de la santé, s'ajoute la complexité née de la multiplication des acteurs de la santé. Bien évidemment, la perception de la santé en sort complètement transformée. Le climat de confiance bilatéral qui existait naguère doit se reconstruire dans une relation multilatérale complexe. C'est l'une des clefs pour comprendre l'émergence du désir de santé.

Le nouveau médecin et le nouveau patient

Le travail du médecin n'est pas seulement technique, car son objet, c'est l'homme. Et l'homme est un être social, psychologique, vivant en société. L'émergence de la nouvelle santé est à la fois la cause et la conséquence : elle génère de nouvelles attentes vis-à-vis du médecin. Et réciproquement, l'évolution de la médecine crée les conditions d'apparition de la nouvelle santé.

Le monde médical, du moins dans sa représentation, est un monde de traditions. Compagnonnage, pouvoir absolu du médecin, rapport quasi filial entre les élèves et le maître, serment d'Hippocrate, esprit de corps sinon de clan, langage hermétique, rites compliqués, hiérarchie soigneusement entretenue, tout cela concourt à générer une image immuable d'un médecin au-dessus du lot commun, et à l'écart des autres. Bien sûr, il n'en est plus rien : les changements survenus depuis une vingtaine d'années sont si importants que le paysage s'est entièrement recomposé. Et le nouveau médecin est l'un des personnages principaux de cette nouvelle santé que nous souhaitons mieux définir.

Le premier tremblement de terre est lié à un changement interne au monde médical : c'est la disparition de la médecine en tant qu'art au profit de la médecine de la preuve. Ce qu'on désigne sous le terme de « *evidence based medecine* », c'est-à-dire fondée sur des preuves, apparaît dans les années 80. Son principe ? On ne peut administrer un traitement que s'il a déjà fait ses preuves. Après une étude quantitative réalisée sur de grands échantillons soigneusement appariés, « on compte les morts et les guéris ». Le traitement A est abandonné à jamais. Le traitement B est prescrit pour toujours. Un protocole particulièrement rigoureux est établi. Il est standardisé, codifié et doit absolument être suivi. Compagnies d'assurances (les HMO américains) ou hautes autorités (en Europe) font respecter l'ordre. Pour être bien certain que le médecin va suivre le protocole, on conçoit un logiciel qui le contraint encore davantage. Le respect strict du protocole permet le remboursement.

Le second tremblement de terre provient de la société de l'information et de la soudaine accessibilité du savoir médical, réservé aux seuls médecins voici encore quelques années. Le monde d'initiés laisse place à un monde de profanes. Les privilèges disparaissent pour créer une égalité (théorique) devant le savoir. En principe, le consommateur citoyen, pour peu qu'il sache utiliser Internet, peut être aussi bien informé que le médecin sur les dernières découvertes, les expérimentations, les protocoles en cours, les comptes rendus de symposiums, les autorisations de mise sur le marché. En principe seulement, car tout le monde n'a pas accès à Internet, et d'autre part il faut un minimum de culture générale pour comprendre et assimiler le contenu des publications scientifiques. Néanmoins, c'est vrai, l'accès généralisé à l'information médicale génère l'accès à un nouveau pouvoir, et dès lors, le pouvoir médical est partagé. Certains médecins parmi les plus âgés et les moins à l'aise face aux médias nouveaux voient entrer dans leurs cabinets cette nouvelle race de patients experts. Celui-ci a tout lu sur l'épilepsie. Il reçoit toutes les alertes, fréquente les sites spécialisés tous les jours, est abonné à toutes les newsletters électroniques, et quand il entre dans le cabinet du médecin, il entend bien parler d'égal à égal. Celui-là est à l'affût des informations les plus pointues sur certaines formes particulières du diabète. Sur ce point particulier, il en sait tout autant que le médecin.

Quels sont les effets de ce double phénomène tellurique ? Ils concernent la représentation du médecin et du patient, leur relation, et bien évidemment, ils contribuent à créer une techno-économie de la médecine.

D'abord, le statut du médecin et celui du malade changent. De thérapeute, d'artiste, de concepteur, d'inventeur, de génie quelquefois, le médecin devient administrateur, technicien, opérateur. Le statut du patient change aussi. D'être singulier dont on saisissait l'ensemble des paramètres, il est réduit à un chiffre (un taux de cholestérol, de sucre, un nombre de globules) ou à un organe particulier. Pour simplifier, on pourrait dire que la relation singulière thérapeute/individu est remplacée par une relation plurielle technicien/numéro.

Ensuite, la redistribution du savoir rehausse le statut du patient et dévalorise celui du médecin, obligeant ce dernier à rechercher de nouveaux domaines de légitimité. Aide à la compréhension, explication des phénomènes, hiérarchisation des informations, etc. pourraient dans l'avenir combler ce manque au sein d'un rôle prépondérant de conseil avec un grand « C ». Mais à court terme, on voit bien que les fondements de la relation sont attaqués.

Que va-t-il se passer dans l'avenir ? Comment cet engouement pour la santé va-t-il encore modifier ce constat ? Comment les autres acteurs économiques, entrant petit à petit dans la santé, vont-ils intervenir ? Quels sont les scénarios pour demain ?

Quand le sida réveille les consciences

Grâce à l'excellence de nos scientifiques, nous pensions, au début des années quatre-vingt, avoir triomphé des grandes épidémies. La peste du Moyen Âge ne faisait plus partie de nos réalités, pas plus que la syphilis et la grippe espagnole. Nous étions bien protégés, vaccinés. Les mesures d'hygiène et la surveillance médicale nous permettaient de croire à une vie presque sans fin.

Mais, un beau matin des années 80, la peste des temps modernes réveille les plus endormis. Première maladie émergente, le sida n'épargne plus personne. Les questions fusent. D'où vient ce virus de l'immunodéficience humaine, responsable de la transmission du sida ? Quelles sont les populations les plus vulnérables ? Quelles sont les mesures de prévention possibles ? Chacun se méfie de son voisin, évitant tout contact, tant la peur engendre la méfiance. Les malades du sida meurent dans des conditions extrêmement pénibles, des populations entières sont marginalisées.

Le nombre de personnes infectées par le VIH a doublé entre 1994 et 2003. Selon OMS/ONUSida, trois millions d'individus sont morts du sida. Dans de nombreux pays, les progrès de l'espérance de vie ont été anéantis par l'épidémie. Le monde entier tremble devant la maladie la plus dévastatrice qu'ait connu l'humanité après la Grande peste et la grippe espagnole.

De plus, tout le monde n'est pas à égalité devant cette problématique. Le virus humain a d'abord sévi en Afrique, il se transmet par voie sexuelle, par transfusion et par passage de la mère à l'enfant, pendant l'accouchement ou l'allaitement. Ces conditions de transmission ont permis au virus de se répandre, sous l'effet d'échanges internationaux, des transfusions et de l'usage de drogues injectables.

La population homosexuelle, qui avait jusque-là beaucoup moins de raison d'utiliser les préservatifs, est directement concernée par ces risques de contaminations du VIH. Les États s'organisent sous la direction de l'Organisation Mondiale de la Santé (OMS), les médias diffusent des messages de prévention en direction des populations cibles.

Innovation importante, les jeunes sont informés dans les écoles. Il y est question d'utiliser le préservatif à chaque rapport sexuel. Des distributeurs sont installés dans les lycées, il y sera même question de sexualité, sujet souvent tabou dans cet univers.

On reparle d'hygiène, des véritables modes de contamination afin de développer des messages de solidarité envers ceux qui ont été contaminés. Des associations se mobilisent, s'informent par le biais de publications internationales. Elles auront à intervenir dans les thérapeutiques qui seront apportées aux malades.

Tout bascule, les rapports médecin/malade sont modifiés. Par moments, on pourra même assister à des affrontements entre associations de malades, médecins et politiques : une véritable révolution dans les pratiques médicales.

Le nombre de morts augmente de manière inquiétante, en particulier dans la communauté homosexuelle et chez les toxicomanes. La pression des associations de malades est telle que de nombreux moyens sont trouvés afin de lever des fonds pour financer la recherche. Les pharmacies mettent à la disposition des jeunes des préservatifs, et des seringues pour les toxicomanes. Des campagnes de prévention sont diffusées dans tous les médias.

Grâce à cette mobilisation sans précédent, dès 1996, de nouveaux traitements permettent d'apporter des soins efficaces, les trithérapies, qui associent trois antiviraux différents. Le nombre de décès en France chute de 60 %, la bataille a porté ses fruits. Fait extraordinaire, depuis 2001, la déclaration de Doha (Qatar) autorise les pays en voie de développement à passer outre un brevet sur un médicament afin de produire leurs propres médicaments génériques contre cette grave épidémie.

Rien ne sera plus comme avant ; le sida a mobilisé les peuples. Les associations ont fait pression comme jamais auparavant. Désormais, les questions de santé seront à débattre avec les populations. Plus question de faire de la rétention d'information. Leur détermination et leur volonté ont permis d'évoquer tous les risques concernant la transmission du virus ainsi que les différents traitements appropriés à chacun. Elles disent aussi que le combat n'est certes pas terminé, la prévention restant la seule arme concrète pour se protéger du virus. La vaccination n'est pas encore pour demain.

Dans les jours prochains, il est encore possible que d'autres pathologies viennent nuire à nos tranquillités. La grippe aviaire, pour ne pas la nommer, fait déjà partie de ces réalités. Mais aujourd'hui, grâce notamment au sida, les États veillent. Des stratégies sont envisagées dans nombre d'entreprises. La vaccination étant problématique, il sera peut-être possible d'utiliser un médicament... Encore faudra t-il en disposer au bon moment.

Le sida nous a ouvert les yeux. Il nous a appris à rester éveillés, vigilants, à prendre en compte, à comprendre, et à nous protéger d'éventuelles épidémies. La nouvelle santé n'est pas un long fleuve tranquille, mais plutôt une attitude à la fois offensive et défensive, une adaptation perpétuelle, et une remise en cause des situations acquises.

Partie 2

La santé est morte,
vive le désir de santé !

Chapitre 1

Les nouvelles visions
du corps et de la santé

La représentation du corps a largement changé. D'un côté, les progrès de l'imagerie médicale, la banalisation des instruments qui nous aident à percevoir les plus infimes parties de notre corps, nous en ont donné une perception segmentée. De l'autre, on n'a jamais autant parlé d'unicité, d'intégrité, de globalité, voire même de corps holistique ! Interactions entre le mental et le corporel, entre les différents organes, entre le système nerveux et la vie des organes, entre l'alimentation et la santé… Comment notre société se repère-t-elle entre un corps morcelé et un corps intégré ? Faut-il choisir ?

Une santé globale pour un corps entier

L'attirance pour de nouvelles formes d'approches de la santé se manifeste d'abord par une vision ou conceptualisation de sa santé, l'idée d'une santé globale ou totale. On peut la définir d'abord au travers de la différence entre trois types de médecines, qui sont aussi trois types de rapport au corps : l'allopathie, l'homéopathie, la naturopathie.

- L'allopathie fait face aux pathologies spécifiques, grâce à des actions de plus en plus sophistiquées et pointues. Imagerie médicale, microchirurgie, greffes, molécules et médicaments permettent de lutter contre des symptômes déterminés et circonscris. L'allopathie renvoie à l'idée de maladie identifiée plus qu'à l'idée d'un corps global.
- Les médecines dites douces comme l'homéopathie prennent plus en compte le « terrain » du patient et offrent des réponses qui sont censées ne générer aucun effet secondaire. Elles constituent une réponse plus large – en tout cas conceptuellement – que l'allopathie, et renvoient à l'idée de corps entier.

- La naturopathie enfin, où l'on ne va plus s'intéresser au symptôme, mais à la vitalité et l'hygiène de vie, seuls facteurs globaux capables de gérer préventivement la santé et de solliciter l'auto-guérison. L'homme est ainsi son propre « médecin intérieur », comme le recommandait Hippocrate.

Néanmoins, aujourd'hui, les tenants de ces trois familles de pensée se rassemblent et sont d'accord pour insister sur l'importance de trois facteurs : la nutrition, le mouvement, et la gestion du stress.

Ces trois principes renferment chacun une part de globalité. La nutrition est une approche globale (mieux nourrir son corps, faire de la prévention, penser équilibre, etc.), le mouvement, la lutte contre la sédentarité reposent sur une vision globale et « vitale » du corps. Enfin, la gestion du stress répond à la nécessité de trouver les activités capables de faire baisser la pression psycho-émotionnelle générée par le travail, les problèmes affectifs et familiaux, les pollutions affectant nos systèmes nerveux... Et donc notre corps tout entier.

Ce discours de la globalité plaît à nos concitoyens, au moins sur les principes qu'il véhicule. Chacun est invité à se prendre en charge, à devenir l'acteur de sa santé. L'individu est censé se réconcilier avec les règles du jeu de sa vie où son alimentation, sa respiration, son sommeil, son hygiène, voire même ses émotions déterminent le potentiel de son énergie vitale et ses capacités défensives.

À côté du système problème médical/ordonnance, on parle de plus en plus de « programme global », de pédagogie de la santé à moyen terme, d'éducation à la santé. C'est le travail de toute une vie. En outre, les interactions, les effets secondaires d'un médicament, la vision d'un corps global, l'image même du corps plus palpable à mesure qu'ont progressé les techniques d'imagerie, vont dans le même sens : celui d'une santé globale pour un corps entier, dont l'intégrité doit être préservée.

Représentation du corps et médecines alternatives

La médecine occidentale forme des médecins à même de soigner nos maladies. Des spécialistes vont pouvoir apporter leurs compétences afin d'envisager la guérison.

Pour cela, le médecin spécialiste recense les symptômes et les analyse (ou prescrit des examens complémentaires) en vue de poser un diagnostic et soigner la maladie de l'organe attaqué. Un protocole thérapeutique fondé sur le rapport bénéfices/risques est établi, le plus souvent basé sur la prise de médicaments, quelquefois la chirurgie.

L'évolution de la longévité des Occidentaux depuis la seconde moitié du XXe siècle ne laisse aucun doute sur les formidables capacités de la médecine scientifique à soigner, réparer, guérir, et prolonger la vie. Seulement voilà, l'être humain est ainsi fait qu'il en veut toujours plus. La vulgarisation de l'information médicale (magazines, sites Internet, émissions de télévision et de radio) entraîne un accroissement des connaissances. Les patients supportent de moins en moins qu'on leur parle dans un jargon médical incompréhensible qui les infantilise. Le patient ne veut plus être considéré comme un objet de soins, ignorant et impuissant. Il entend participer aux décisions qui concernent sa santé. On l'a vu, le patient est de moins en moins patient.

De plus, on peut noter une nette évolution dans les mentalités : la personne ne se définit plus comme une addition d'organes et de parties du corps, mais un ensemble qui interagit en permanence.

Si j'ai un problème intestinal, il est possible que les sources de ces manifestations viennent d'ailleurs, encore faut-il avoir les moyens de trouver les raisons précises de ces problématiques, et d'en rechercher les bonnes médications.

La médecine occidentale a-t-elle aujourd'hui les moyens de rechercher de telles énigmes ? Quelles réponses peut-elle apporter ?

Les médecines dites complémentaires, ou médecines douces, se développent en Europe. Selon des enquêtes, 20 à 50 % de la population les ont utilisées au moins une fois. Comment définir ces nouvelles approches de médecine non conventionnelles ? L'Organisation mondiale de la santé (OMS) évoque plus largement ce qu'elle nomme la « médecine traditionnelle » qui regroupe « *toutes les pratiques, méthodes, savoirs et croyances en matière de santé qui impliquent l'usage à des fins médicales des plantes, des parties d'animaux et de minéraux, de thérapies spirituelles, de techniques et d'exercices manuels, séparément ou en association, pour soigner, diagnostiquer et prévenir les maladies ou préserver la santé* ».

Ces pratiques de médecines douces s'intéressent à la personne dans son ensemble, en tenant compte des aspects physiques et psychologiques, des prédispositions de l'environnement. C'est ce que l'on nomme la médecine « holistique » : médecine chinoise, acupuncture, naturopathie, homéopathie, phytothérapie, ostéopathie etc. illustrent ce propos. Ces thérapies sont basées sur des manipulations, des massages, des plantes, de la relaxation, un apprentissage de la respiration, une approche préventive. On va consulter un praticien de médecine parallèle en grande partie parce qu'il est à l'écoute, dialogue avec le patient et propose des remèdes nouveaux, porteurs d'espoir pour ceux qui n'ont pas encore trouvé de solution dans les approches scientifiques classiques.

Reste à savoir garder un certain recul, et conjuguer les deux approches tout en sachant que, dans tous les pays européens, seul le corps médical « classique » à proprement parler peut poser un diagnostic et pratiquer les soins de santé. À nous ensuite de nous diriger vers ces médecines qui apportent des clefs, des approches et des remèdes supplémentaires. Demain, la médecine dite « dure » devra sans doute s'organiser afin d'intégrer ces nouvelles approches.

La reconquête du corps par les vacances

Durant les années 70 et 80, on voulait profiter de ses vacances. Aujourd'hui, on préfère que nos vacances nous soient profitables, et surtout profitables à notre santé. C'est que pour nous, plus ou moins inconsciemment, tout doit concourir à l'amélioration de notre santé globale, et en particulier ce réservoir potentiel de santé que représentent les vacances.

La définition de ces vacances idéales de nos jours ? Pouvoir revenir en pleine possession de ses moyens. Reposés, en pleine forme physique et morale, amincis, et regonflés en énergie. Pour cela, à partir du début du printemps précédant lesdites vacances, les magazines donnent des recettes qui en disent long sur le modèle idéal, du moins le modèle supposé des Français. Et si ce modèle était aussi un modèle de vie idéale de ce début du XXIe siècle, un siècle dédié à la santé totale ? La lecture transversale des principaux articles consacrés à ce sujet dans la presse magazine féminine et familiale du printemps 2006 montre une forte convergence sur quatre points, bases d'un nouveau catéchisme du corps.

- Première règle, la gestion et l'élimination du stress permettent d'éliminer une partie des maladies. Auto-massages, exercices de yoga et de respiration, contemplation de la nature (lever ou coucher de soleil selon les auteurs), modification de son rythme de vie et de son horloge interne, moments de concentration et de méditation… sont unanimement conseillés. Mais ce qui transparaît le plus dans ce dictionnaire de la chasse au stress, c'est le thème transversal de la redécouverte de son corps. Que de pages sur le bâillement, signe annonciateur infaillible du sommeil ! Que d'émerveillement devant les bienfaits de la faim, signe incontournable de l'appétit ! Corps et esprit sont mobilisés ensemble pour la reconquête du corps total.

- Deuxième règle, l'art de la dégustation du présent constitue une forme efficace de prévention. Profiter de l'air pur pour redécouvrir le plaisir de respirer. Profiter de la mer pour redécouvrir le massage stimulant qu'elle procure. Profiter de la plage pour marcher pieds nus et se faire caresser sa voûte plantaire. Profiter des produits naturels et redécouvrir le goût réel des aliments. Profiter de la nature pour observer, apprendre et redécouvrir la flore, la faune et prendre plaisir de cette nouvelle proximité... Tout se passe comme si le vacancier était privé d'air, d'eau, de nourriture, et que, dès qu'il se débarrasse de ses oripeaux de citadin, qui font obstacle aux capacités de ses sens, il pouvait rapidement recouvrer sa santé « volée » par la civilisation. Les produits locaux sont, on le sait, plus savoureux. L'air local est meilleur, etc.
- Troisième règle : l'activité physique « juste » permet de redécouvrir son corps sain. Finie la décennie du sport extrême qui vous entraînait sur les sommets enneigés de l'Himalaya, ou à pratiquer la plongée en apnée en mer Rouge ! La mode est à l'activité de proximité, au sport léger, relaxant, qui chasse les toxines et brûle les calories en douceur. Pétanque, beach volley, randonnée, étirements, exercices respiratoires, natation tranquille, promenades en familles, vélo, etc., sont les activités physiques saines de nos jeux olympiques de la santé.
- Quatrième règle : la redécouverte des autres est synonyme d'une santé ouverte et durable. Jadis, la santé était conçue comme une recherche solitaire. À présent, il semble que l'autre et la relation avec lui fassent partie intégrante du nouveau dispositif. On parle de la redécouverte de son conjoint, du resserrement des liens familiaux, de l'expérience de nouveaux rapports avec ses enfants. Certains articles abordent franchement le thème du plaisir et de l'orgasme dans le couple, recherche facilitée pendant les vacances grâce à la proximité des corps, à la disponibilité physique plus grande, aux stimulations plus nombreuses. Et tout le monde insiste sur le caractère bénéfique du plaisir physique sur le sentiment de bien-être et donc sur la santé.

Cette association devenue systématique des vacances à la santé globale démontre que les citadins d'aujourd'hui souffrent moins dans leur corps et ont moins besoin de vacances réparatrices, mais plutôt de vacances reconstructrices. Des vacances profitables, rechargeantes, régénératrices, qui participent au premier chef à la construction de cet édifice : notre santé. Mais cette nouvelle tendance trouve son paroxysme dans un nouveau comportement extrême, celui des vacanciers de la santé totale.

Sans spa, ils n'y vont pas. Sans bains de boue, massage hydrojet, ils ne veulent pas en entendre parler. Ils veulent un masseur, un kiné, une installation ultramoderne. Ils s'inscrivent à des séjours de thalasso, de balnéo, à de cures à base d'huile d'olive, de vin, d'argile, d'eau ferrugineuse... Ils se font caresser, tripoter, masser, tordre, étirer, assouplir. D'autres préfèrent s'occuper de la santé de leur âme : méditation, yoga, spiritualité, psychologie appliquée, zen, bouddhisme, retraite... Eux veulent des guides, des accompagnateurs, des coaches, des gourous. Ainsi, les hôtels traditionnels, les locations de vacances, les terrains de camping risquent-ils dans l'avenir d'être désertés par cette catégorie au profit des lieux de culte de l'esprit et des temples du corps. Les GO, les chefs de rang, les hôteliers n'ont plus d'avenir. Leurs remplaçants auront suivi des stages de massage ou de méditation ! Quelques indices qui ne trompent pas : de nombreux tour-opérateurs ont conçu depuis l'an 2000 des brochures de vacances « spécial santé ». Une myriade d'hôtels en Tunisie sont dotés d'infrastructures de thalassothérapie. Sur Internet, la recherche « vacances et santé » produit plus de 2 000 résultats !

À suivre quelques-uns de ces vacanciers, plusieurs questions se posent. Sont-ils des pionniers préfigurant une immense vague de vacances santé ? Ne s'agit-il que d'une mode passagère ? Que recouvre en fait cette soif d'absolue santé ?

La réponse à cette problématique renvoie à l'observation de cette drôle de tribu. Dès après le petit déjeuner, ils se précipitent sur les hôtesses, prennent les rendez-vous, consultent les plannings, organisent leurs soins, négocient les horaires, améliorent les séquences proposées. Ils prennent cela très au sérieux. Ils vérifient la température de l'eau, le CV des kiné, l'innocuité d'un traitement. Ils discutent entre eux et échangent des expériences. Les peignoirs en éponge ont remplacé les maillots de bain ou les tenues de randonneur. Ils veulent être reconnus comme tels : leur statut n'est nullement celui du curiste, faisant une discrète et timide parenthèse de soins, leur statut est tout autre. Ils ne se soignent pas, ils *construisent*. Ils ne subissent pas de traitement, ils préparent l'avenir. Ils misent sur les plantes médicinales, ils cherchent un effet durable, ils vérifient dans la glace ou sur la balance les résultats de leurs efforts. Ils sont les acteurs de leur propre santé d'aujourd'hui et de demain.

Chaque saison, les promoteurs de ces nouvelles formes de vacances santé rivalisent d'imagination et d'efforts pour proposer à cette « élite » santé le « plus » qui attirera ou retiendra cette cible exigeante. Et chaque saison, la prestation va monter d'un cran. L'exceptionnel va ainsi peu à peu devenir standard, puis normal. Et ainsi tirées vers le haut, ces prestations vont se retrouver peu à peu dans les hôtels, les stations de vacances, les appartements, et même les campings. La dynamique des vacances santé est ainsi : un groupe de pionniers toujours en quête d'excellence, puis un mouvement de progrès touchant le plus grand nombre. En 1936, les congés payés. En 2036, pourquoi pas les congés santé ?

En réalité, cette population se caractérise par le fait qu'elle considère la santé comme un tout. Il ne s'agit pas de soigner tel ou tel bobo, de s'intéresser à telle ou telle partie du corps, mais plutôt de penser reconstruction complète du corps, et fusion intime entre le corps et l'esprit. Cette vision globale ou « holistique » de la santé est relativement nouvelle. Mais elle a sans doute un bel avenir devant elle !

Corps global ou corps machine ?

Des techniques d'avant-garde viennent pourtant contredire cette vision holistique du corps. Et si le corps était une machine ? Si l'on pouvait changer un tuyau, remplacer une pièce défectueuse, échanger le moteur défaillant ? On apporte son corps au garage, et après vérification que la pièce est bien en stock, on procède aux changements nécessaires, et c'est reparti pour un tour ! Hier, notre corps était fait de chair et d'os, aujourd'hui, le plastique et les boulons viennent à notre secours.

Il faut dire que les progrès de la médecine vont dans ce sens. Radiologie, scanner, endoscopie nous poussent à croire à l'infini des possibles techniques d'exploration, sorte de contrôle technique obligatoire. D'autre part, les transplantations, les greffes, les pontages, les implants, les prothèses induisent l'idée que les réparations sont toujours envisageables. La chirurgie esthétique et l'explosion des techniques renforcent encore le phénomène d'extension du domaine de la science réparatrice. Le corps est donc réparable, voire même inusable.

Notre désir de santé totale est tel que nous sommes prêts à croire aux miracles. Mais le corps est-il une mécanique ? Qu'induisent ces pensées ? Ne nous conduisent-elles pas à des comportements étranges ? Pourquoi limitons-nous tant le rôle et la place du psychique dans la gestion du corps ? Pourquoi cette idéalisation du corps nous conduit-elle à nous dissocier : d'un côté un corps réparable, et de l'autre un esprit sélectionnant le type de réparations à réaliser ainsi que le planning des travaux ?

Aujourd'hui, on réalise en France près d'un demi million d'implants oculaires, 100 000 prothèses de la hanche, 40 000 greffes du genou. Un peu de « médecine fiction » nous conduirait à imaginer bientôt une totale banalisation de la chirurgie esthétique, puis l'extension du domaine des implants. Aujourd'hui les cheveux, les dents, les cristallins. Demain les oreilles, ou le visage. Le cœur, notre moteur, est concerné depuis longtemps. Demain seront disponibles des cœurs totalement artificiels. Les prothèses de la hanche, de l'épaule, du bras se sont banalisées. On discute à ce propos des mérites comparés du carbone, du graphite, du zirconium, de la céramique, comme pour une paire de skis.

Fécondation *in vitro* et procréation assistée avaient déjà modifié la donne. Aujourd'hui, les greffes de cellules souches constituent, au plan des représentations, quelque chose de très différent. Il s'agit là d'aider l'organisme à se régénérer lui-même à partir de greffes ou de ses propres cellules reprogrammées spécifiquement. On sort du monde du garage pour entrer dans celui du laboratoire, du magicien. Culture de tissus, ingénierie cellulaire, nanotechnologies, implants bio-actifs constitueront un jour la réponse à nos blessures, infections et vieillissement.

Cette hyperutilisation de pièces détachées, même si elle n'est aujourd'hui qu'expérimentale dans beaucoup de domaines, modifie fortement notre représentation du corps. Nous sommes potentiellement surhumains. Nous pouvons sans cesse reculer nos limites. Nous pouvons réparer, remplacer, renforcer, nous pouvons allonger notre vie, et qui sait, peut-être devenir immortels.

Dans le passé, nous nous étions habitués de force à la diminution inéluctable et irréversible des performances de notre corps. Notre corps était « *une demeure dont, avec l'âge, il fallait condamner des pièces, faute de pouvoir les chauffer toutes* » (Jacques Deval). Aujourd'hui, nous passons d'une vision d'un corps entier mais limité, à la vision d'un corps réparé, rapiécé, dont les traces des rafistolages peuvent se voir. Nous passons d'un corps unique, global, à la vision d'une machine corporelle faite de rouages, d'engrenages, de poulies et de leviers. La santé totale n'est donc pas uniquement la lutte préventive contre tous les ennemis et risques. C'est aussi un arsenal complet de techniques, une sorte de service après-vente qui nous garantit toujours un corps en état de marche. Progrès continu rendu possible grâce au travail passionné et compétent du bien nommé « corps médical ».

Alors quels choix, quelles conclusions, quelles orientations face à ces deux tendances contradictoires ? Il semble aujourd'hui que ces divergences ne sont qu'apparentes et ne gênent pas nos compatriotes. En effet, on va trouver par exemple dans le même numéro d'un maga-zine santé, ou sur le même site Internet spécialisé, les deux appro-ches. D'un côté, un long plaidoyer pour un corps global, la reprise en mains de soi-même, l'intérêt des médecines parallèles plus inté-gratrices, et de l'autre, quelques pages plus loin, la description de la dernière prothèse en plastique miracle qui vous fait retrouver vos hanches de 20 ans ! C'est que le désir de santé est tellement fort qu'il ne s'embarrasse pas de contradictions. On veut les autoroutes, mais aussi les départementales, et l'on est prêt aussi à prendre les sentiers de randonnée les plus étroits si la santé totale est au bout. Ce ressort est si puissant qu'il change la donne de beaucoup de situations, de nombreux choix de la vie de tous les jours, et que tous les acteurs, qu'ils soient publics ou privés, entreprises ou organismes sociaux, impliqués directement ou non dans la santé vont devoir les intégrer. L'intégration délicate mais cruciale de ce facteur nouveau sera l'objet de la troisième partie du livre.

Du besoin de santé au désir de santé

La santé est longtemps apparue comme un manque, quelque chose qui faisait défaut et qui se faisait sentir fortement dans ces périodes particulières de manque de soins, d'hygiène, de nourriture, de médi-caments, périodes donc de maladies. Cette conception mécaniste de la santé est encore très présente dans notre organisation, dans les produits que nous consommons, dans nos habitudes et notre compor-tement quotidien. Apparaît aujourd'hui une nouvelle forme de santé, non plus considérée négativement comme un manque, c'est-à-dire relative à la maladie, mais considérée positivement, comme en rela-tion avec le désir.

André Comte-Sponville, dans son *Dictionnaire philosophique*[1], s'inté-resse au concept de désir, qu'il définit à la fois comme un manque (ce qu'on n'a pas), mais aussi comme un état de tension, comme une puissance potentielle, comme un appétit. Dans un entretien avec *Nouvelles Clefs*, il précise : « *Ma définition du désir, c'est qu'il n'est pas un manque : il est une puissance, une force, une énergie, il est l'expression en nous du* conatus, *c'est-à-dire de notre puissance d'exister, d'agir et de jouir. S'il apparaît souvent comme manque (…)*

---

1. André Comte-Sponville, *Le Dictionnaire philosophique*, PUF, 2001.

*c'est que cette puissance d'exister, d'agir et de jouir fait très souvent
l'épreuve de la frustration, si souvent qu'on a fini par croire que c'était
là son essence ».*

Et c'est ce qui fait la force du désir de santé dans notre société. Quand
on n'en a pas, on en veut. Et quand on l'a, on en veut davantage. Nos
contemporains ne se satisfont plus de ne pas être malades, ils veulent
plus, bien plus. Il n'est que de regarder certains magazines qui nous
sont proposés dans les kiosques. Épanouissement, jouissance, plaisir,
érotisation, plénitude, allégresse, etc., sont les mots les plus usuels
qui définissent l'état recherché dans ces rédactionnels.

Croyez-vous qu'il s'agisse de journaux érotiques ? Non, de magazines
santé ! La santé est comprise ici comme un état qui permet de jouir
davantage, d'exister davantage. Exister plus, mieux vivre l'instant, profiter davantage, sentir que l'on vit, sentir son corps, se sentir bouger,
se sentir vibrer…

Besoin et désir de santé

Ainsi peut-on faire la différence entre un besoin de santé et un désir
de santé. Le besoin de santé est pris le plus souvent en charge par
le corps médical. Le désir de santé nécessite quant à lui une prise en
charge personnelle. Le besoin de santé se donne comme objectif le
retour rapide à l'état antérieur de non-maladie, tandis que le désir
de santé ne se réfère nullement à la maladie, mais à la jouissance.
Le besoin de santé fait référence au corps, le désir de santé fait référence au corps *et* à l'esprit, liés indissociablement. Il faut avoir à
l'esprit cette double définition si l'on veut comprendre les évolutions
psychologiques et sociologiques de notre société. Sinon, comment
expliquer cette explosion multiforme ?

Évidemment, confrontée à ces deux conceptions très différentes,
l'entreprise (ou la marque) se doit de bien comprendre le phénomène. Un exemple de cette dualité, celui de la femme de 50 ans, l'âge
supposé de la « seniorité » tranquille, selon Régine Lemoine Darthois.
Certaines femmes veulent enfin vivre leurs désirs. Elles sont libérées
des contraintes familiales et des enjeux professionnels, elles veulent
entrer en toute lucidité dans une nouvelle ère, qu'elle soit amoureuse,
érotique, artistique, ou intellectuelle. Leur disponibilité, leur maturité,
leur meilleure maîtrise du temps et des situations, leur meilleure
connaissance d'elles-mêmes les rend parfaitement aptes à vivre plei-

nement leur désir et en particulier leur désir de santé. C'est ainsi qu'il faut comprendre les attentes de cette population par rapport à toute une série de produits et de services. Produits joyeux qui favorisent le plaisir, l'épanouissement, la liberté, l'accomplissement et non produits tristes sur les thèmes du maintien en l'état, de la conservation, de la préservation, de la réparation, de la protection, de l'appui, de l'assistance, du soutien. Le langage publicitaire souvent monolithique destiné à cette cible est bien une illustration de l'évolution nécessaire des mentalités des entreprises et des publicitaires.

Les dimensions de la nouvelle santé

Qu'est-ce que la santé aujourd'hui du point de vue socio-économique ? En quoi diffère-t-elle de la santé telle qu'elle était vécue dans les siècles précédents ? Quelles sont les conséquences opérationnelles de ce nouveau référentiel dans la représentation des consommateurs ? Quels sont les impacts sur les produits de consommation et quels chocs en retour vont affecter les entreprises ? Pour tenter de définir le concept multiforme de « nouvelle santé », il faut examiner l'histoire récente. Celle de la lutte contre la maladie et de la révolution de la médicalisation, qui ont marqué le XXe siècle, fournit des indications essentielles.

Le XXe siècle voit l'avènement d'un droit universel aux soins médicaux. La médicalisation de nos sociétés, quasi-inexistante au siècle précédent, se développe à une vitesse inouïe. La maladie, naguère omniprésente, est tenue à distance. Dans le passé, on s'attendait à une maladie longue, une souffrance, une période de guérison difficile, une convalescence nécessaire. Aujourd'hui, en cas de maladie, on doit retrouver ou garder une certaine forme, retourner vite au travail. Le traitement est énergique et rapide. Le mal est là, mais ne doit pas faire de bruit. Les périodes de guérison sont courtes. La vaccination, systématique et obligatoire, a éliminé nombre de maladies.

Auparavant, chaque période de la vie générait ses maladies. On avait autant de chances de mourir avant cinq ans qu'après cinquante. L'enfance était associée à un grand nombre de maladies, souvent fatales. Aujourd'hui, comme le dit Anne-Marie Moulin « *l'expérience de la maladie est ainsi retardée dans l'histoire individuelle, diluée sous la forme d'une angoisse à l'égard de maux indéchiffrables, et reportée vers la fin de la vie* »[1]. Le corps médical est omniprésent. Les profes-

---

1. Anne-Marie Moulin, *Histoire du Corps*, Éditions du Seuil, 2006.

sionnels de santé sont sans cesse plus nombreux, plus compétents, plus outillés, plus péremptoires. La recherche est devenue opérationnelle. Nous sommes encadrés très étroitement. Dans les périodes de maladie, l'on doit se soumettre à des analyses, des protocoles, des traitements précis. Et même en dehors de ces périodes, les consignes sont strictes, on doit se soumettre à une hygiène de vie. Parallèlement, les structures médicales abondent. L'hôpital n'est plus tenu à l'écart, il est dans la ville, il est « de jour » : il se mêle à notre vie quotidienne. Pharmacies et laboratoires d'analyse sont partout. Du manque de santé, du déficit de santé, on est passé, en une période très courte, au plein de santé.

Cependant commence à se faire jour une idée nouvelle. Si la lutte contre la maladie appartient bien en grande partie au médecin, le corps de l'individu et sa santé lui appartiennent en propre. Son autonomie, sa liberté, ses marges de manœuvre sont à lui. De plus, l'individu découvre que sa santé ne passe plus uniquement par le cycle symptôme/médecin/analyse/médicament/guérison. D'autres facteurs interviennent qui lui sont propres et pour lesquels son autonomie est plus grande. Sport, exercices, activité physique, alimentation, régimes, hygiène de vie, soins du corps ou tout simplement choix de vie, choix d'un lieu d'habitation, d'un travail... Tout cela se développe au travers d'autres circuits de diffusion, de médiatisation et de communication que le réseau de soins. L'individu se dégage ainsi de l'autorité tutélaire du médecin, auparavant seule figure associée à la santé. Il va être acteur de sa santé en opérant ses propres choix de vie.

Si la santé était fortement associée à la maladie à l'époque de la relative impuissance médicale, elle l'était encore fortement dans une période plus récente, qui perdure encore aujourd'hui, de surpuissance médicale. Mais paradoxalement, on peut faire l'hypothèse que cette surpuissance génère un mouvement de balancier contraire. D'une part, un désir de s'affranchir de l'autorité du médecin, d'autre part, l'apparition d'un concept de santé non plus passif (je suis objet de soins), non plus en négatif (la santé comme non-maladie), non plus limité dans le temps (le retour à la santé après la phase de maladie), mais actif, positif, personnalisé et permanent. C'est ce désir de santé tout neuf, cette recherche d'une nouvelle santé, cette recherche éperdue de bien-être que nous allons analyser.

Le phénomène de la consommation n'épargne pas, bien évidemment, le domaine de la santé. Habitués à trouver des services, des produits, des réponses à toute chose, les hommes et les femmes de notre époque recherchent aussi dans ce domaine des solutions en termes de consommation. Cette influence est notable dans la consommation de médicaments ou d'actes médicaux mais pas seulement. Elle pousse les personnes à se comporter comme des consommateurs. Attentes, motivations, images, satisfaction, prix, circuit de distribution, packagings, publicité... Les ingrédients de la société de consommation se retrouvent aussi dans cet univers. Et cela aussi contribue à tout changer.

Cette nouvelle santé peut être définie par une double dimension. Première dimension, celle qui nous mène de la santé collective au bonheur individuel. Deuxième dimension, celle qui nous conduit de la lutte contre la maladie jusqu'à la quête du bien-être.

La première dimension de cette nouvelle santé se manifeste par le « moi d'abord, ma santé d'abord » conjugué avec l'omniprésence et le poids du social. La santé sort du lien unique patient/médecin pour entrer dans l'ère de la consommation. Il y a le moi-malade, mais aussi le moi-acheteur, le moi-consommateur, le moi-client. Motivations individuelles et préférences personnelles vont donc interagir avec les codes sociaux, les modes, les images, les marques. La santé va prendre cette dimension sociale, étalée au grand jour. Jamais auparavant, dans nos sociétés occidentales, la santé n'avait été autant valorisée par les personnes, ni autant mise en scène par les médias.

Cette focalisation sur la santé va générer des effets puissants. La peur de souffrir, la crainte du risque, la hantise de la pollution, l'éloignement de l'idée de la mort.... Tout ce qui va apparaître comme hostile, comme ennemi potentiel de sa santé va être sujet de méfiance ou de crainte. Paradoxalement, la recherche du bonheur, et donc de la paix avec son corps, va entraîner un conflit latent. En établissant des barrières, l'individu va se comporter comme un assiégé. Les assaillants ? L'épidémie, le risque, la pollution, les maladies contagieuses, les crises alimentaires, les épizooties, portées non pas par des armes réelles mais par des images de télévision. C'est la deuxième dimension de cette nouvelle santé, et elle est paradoxale. Au nom du principe de précaution, si tu veux la paix, si tu veux le bonheur, alors, méfie-toi de la maladie et prépare la guerre !

Ce sont ces deux dimensions qui vont structurer la nouvelle santé, et qui vont nous aider à comprendre les ressorts de cette évolution. On a dit que le XXIe siècle serait celui de la religion. Peut-être sera-t-il celui de la religion de la santé ?

Chapitre 2

De la santé collective
au bonheur individuel

Le désir de santé navigue sans cesse entre une vision collective et
une vision individuelle, entre le Je et le Nous. Le poids du Je est
devenu central dans nos sociétés occidentales. Comme le note Gilles
Lipovetsky[1], nous vivons une révolution individualiste. « *Privatisation
élargie, érosion des identités sociales, désaffection idéologique et politique, déstabilisation accélérée des personnalités...* ». Nos sociétés
démocratiques avancées trouvent leur logique autour de la personne.
Cette logique promeut et incarne une valeur fondamentale, celle de
l'accomplissement personnel. « *Les progrès radieux de la révolution
ne sont plus crus par personne, désormais on veut vivre tout de suite,
ici et maintenant, se conserver jeune, et non plus forger l'homme
nouveau.* » Le vide nous régit, nous voulons de la qualité de vie, une
pleine santé, tournée autour du moi. Toutes les sphères sont impactées par cette révolution, et en particulier la santé. Prise en charge
globale ou holistique de sa santé par la personne elle-même, regard
sans cesse porté sur son propre corps, recherche de l'autonomie individuelle, caractérisent cette formidable évolution.

En regard, une autre force modifie cette centration sur soi, c'est le
poids du social, le poids de la représentation et de l'image dans la
perception, le vécu et les comportements santé. Qu'il s'agisse d'images
publicitaires, de la pression de la mode, de l'identification aux stéréotypes de la beauté et de la forme, de nouvelles propositions de
vacances ou de remise en forme, le social est partout. Nous allons voir
dans ce chapitre que le poids de cette représentation modifie la
perception de notre propre santé. Plutôt que de la définir en termes

---

1. Gilles Lipovetsky, *L'ère du vide*, Gallimard, 1983.

de bien-être (voir chapitre précédent), le social nous pousse à voir notre santé dans notre miroir, voire dans la différence entre ce que nous renvoie notre miroir et ce que l'on voit à la télévision ou dans les magazines. *Je suis en bonne santé parce que je ressemble à l'image idéale de la forme vue dans la publicité !*

Ces deux ensembles de forces, l'individuel et le collectif, constituent le deuxième axe que les acteurs de santé, qu'ils soient professionnels de santé, entreprises, ou acteurs publics, doivent connaître et intégrer. Nous allons voir que ces deux dimensions, loin de se contredire, jouent en interaction.

Image de soi, désir de beauté et désir de santé

La beauté de la femme a toujours inspiré les artistes. À certaines époques, cette beauté s'imaginait au naturel. Les femmes devaient avoir la peau de nacre, les cheveux longs et blonds, de belles rondeurs, le sourire discret, le regard langoureux. Aujourd'hui, la beauté de la femme est devenu un véritable sujet de société. Il faut répondre à de multiples critères afin de s'inscrire dans le registre de la séduction.

Les artifices remplacent le naturel. La femme doit être parfaite, éblouissante, fraîche, séduisante et sexy. Elle doit intervenir et savoir se munir de multiples produits pour combattre : ses poils, son excès de graisse, ses rides, son âge. L'industrie des cosmétiques promettra de trouver certaines solutions aux difficultés rencontrées. Ces préoccupations vont avoir des répercussions au niveau de sa santé. Elle apprendra vite ce que le mot régime veut dire. Elle utilisera la vitamine pour mieux bronzer, la nourriture bio pour mieux manger, l'eau minérale pour éliminer, le sport pour être en forme... Les centres de beauté aideront celles qui ne peuvent pas obtenir seules les résultats escomptés, le miroir étant toujours là pour témoigner du résultat.

Si malgré ces diverses précautions les résultats ne sont toujours pas obtenus, la chirurgie esthétique va prendre le relais. Couper, tailler, remonter... Enfin, il sera possible, si nos moyens nous le permettent, d'avoir recours à un coach, qui pourra adapter des programmes de beauté personnalisés. Les stars les pratiquent régulièrement.

Ces différentes démarches de recherche de beauté, engagées par la femme, vont avoir des répercussions positives sur sa santé. Vouloir être en forme encouragera la pratique d'un sport, les salles de gym peuvent témoigner de leur fréquentation assidue. Les sentiers de nos montagnes offrent de nombreux itinéraires faciles d'accès ; nos jambes et nos cœurs s'en porteront mieux.

Vouloir être mince encouragera aussi une alimentation équilibrée. Les informations ne manquent pas en matière d'équilibre alimentaire. Vitamines, oligoéléments, protides, lipides riches en oméga 3, glucides sélectionnés, en petite quantité, légumes bio pour mieux digérer...

Vouloir être belle, éviter les rides inviteront aussi à la pratique de la détente. Moins de tension, de crispation, de stress. Le yoga et bien d'autres techniques offriront le petit plus qui nous permettra d'atteindre le bonheur tant espéré. Paradoxalement aujourd'hui, c'est la recherche de la beauté qui mène le plus les femmes vers leur santé. Comme le bourgeois gentilhomme faisait de la prose sans le savoir, la femme actuelle produit sa santé en se préoccupant de sa beauté.

La révolution du jeunisme ne fait que commencer

Si ma grand-mère faisait du vélo, alors moi je dois pouvoir escalader les montagnes. Si nous voulons faire partie de ce nouveau siècle, nous devons nous appliquer à supprimer les signes de fatigue dus à nos âges qui avancent, afin de poursuivre nos vies comme si de rien n'était.

Le cheveu blanc n'est plus respectable, les « vieux » symbolisent l'approche de la fin de vie. Ces réalités ne sont en aucune façon séduisantes ni excitantes. On les appelle les vieux, les anciens, les vieillards, les personnes du 3ᵉ voire du 4ᵉ âge, les aînés, les seniors, etc., avec en arrière-plan le souci de prise en charge, de médicalisation, de soins et d'investissement pour les familles et la société toute entière. Nous avons peut-être oublié que ces personnes âgées étaient, il n'y a pas si longtemps, encore intégrées dans la société et participaient à la vie collective et familiale. Elles apportaient aux plus jeunes des témoignages de leur existence et une aide précieuse. Les vieux vraiment vieux n'ont plus de place dans notre société modernisée, où la rapidité prend le pas sur la réflexion, d'autant que les progrès de la médecine leur permettront de devenir de plus en plus vieux.

La lutte contre le vieillissement va être engagée. Et personne ne veut faire partie de cette catégorie de la population qui est vécue inconsciemment comme une charge pour nos sociétés. À l'âge où il sera possible de stopper son activité professionnelle, l'âge de la retraite, va prendre place un nouveau travail. Ce nouveau travail va consister (pour ceux qui en ont les moyens) à mettre en place toute une panoplie anti-âge. On va rechercher avec application les premiers signes de fatigue émis par le corps afin d'y remédier au plus vite. Les bilans, les analyses, les radiographies et examens de toutes sortes seront effectués, afin de traquer au plus vite l'organe fatigué, de le soigner ou de le remplacer le cas échéant.

Il va s'agir d'appliquer les règles élémentaires pour « s'entretenir », se préoccuper de son état d'âme, de son alimentation. La pratique d'un sport attire une population nouvelle et assidue où le corps pourra trouver une seconde jeunesse. La chirurgie esthétique vient au secours des problèmes les plus évidents. La pharmacopée offre une gamme très étendue de produits qui gomment, excitent, réparent, soutiennent, soignent, nettoient… Les vieux portent des jeans, des chemises de sport, les cannes sont restées au placard. Face à ces populations, les besoins à assouvir sont immenses, et les produits et services doivent être là pour y répondre. Si l'on avait la possibilité, comme Faust, de vendre son âme au diable pour rester toujours jeune, on le ferait sans hésitation.

La relation à la nutrition : consommer, être et se nourrir

Nous sommes nés *nourrissons*, et depuis nous nous nourrissons. Nous sommes nés la bouche ouverte, à la recherche du liquide blanc et chaud qui allait combler les angoisses liées à notre naissance, avant d'avoir pour fonction de satisfaire notre faim. Toute notre vie, cet acte de se nourrir va être chargé de souvenirs. À l'origine, l'acte de se nourrir va maintenir le lien mère/enfant et favoriser ainsi la relation charnelle et jouissive que le fœtus a vécu durant les neuf mois de la gestation. Manger pour être près « d'elle ». Cela va marquer toute notre vie.

Ce désir légitime, cette satisfaction renouvelée six ou sept fois par jour sera réclamée par le nourrisson sous forme de pleurs plus où moins prononcés. Comment interpréter ces appels ? L'enfant a-t-il réellement le besoin de manger ? Ou a-t-il besoin d'être rassuré par celle qui sait si bien le protéger, le calmer ? À ces questions, les spécialistes nous expliquent : il ne faut pas se précipiter au premier cri de l'enfant. Il faudra que celui-ci fasse l'expérience de la faim afin de favoriser ses propres représentations, il pourra imaginer le sein ou le biberon tenu par sa mère. Imaginer, patienter, se rassurer, le nourrisson fait son apprentissage, il grandit !

Où en sommes-nous aujourd'hui, alors que nous avons atteint l'âge de raison ? Comment gérons-nous nos angoisses ? Notre oralité ? Nos plaisirs de la table ? Doit-on toujours avoir la peau du ventre bien tendue avant de remercier le ciel ? Vouloir aujourd'hui analyser les comportements alimentaires et les régimes sur le filtre unique des calories et vitamines est bien restrictif par rapport à ces souvenirs enfouis. Comment expliquer la boulimie (« se remplir pour ne pas tomber »), l'oralité, la cigarette, sinon en utilisant aussi ce filtre ?

Il faut d'abord bien comprendre que dans un pays où moins de 5 % de la population produit des aliments pour les 95 % restants, « *la relation à l'alimentation s'est considérablement étirée*[1] ». Et dans notre société urbaine où l'aliment devient abstrait, les médias prennent le relais, comblent ce déficit naturel et nous informent sur ce que devrait être notre alimentation. On va nous conseiller les régimes dissociés, de supprimer tel aliment, de surveiller les calories, il va être question de substituts, de patch minceur, de régime hyperprotéiné, amaigrissant, amincissant, de remèdes de toutes sortes. Mais on voit bien les limites d'une pédagogie basée sur la frustration. Nous l'avons vu, se nourrir peut combler de bonheur.

Une autre stratégie est possible, qui tourne autour du goût plutôt qu'autour de la frustration. S'inscrire dans une pédagogie des plaisirs de la table, privilégier la qualité à la quantité, jouer la surprise par les saveurs. Faire en sorte de solliciter nos cinq sens pour satisfaire enfin nos appétits voraces. Ainsi, notre tendance à se comporter encore et toujours comme des nourrissons va trouver un autre exutoire. Clubs d'œnologie, bons restaurants, plaisir des mets simples et forts dont l'authenticité et la chaleur rappellent notre enfance, gestuelle de la bouteille d'eau portée sans cesse à la bouche…Voilà des indices et des pistes de réflexion pour adapter les propositions des fabricants aux hommes et aux femmes d'aujourd'hui. Encore faut-il que ces propositions ne concernent pas que les catégories aisées. L'argent ne doit pas être un obstacle à manger bon et sain.

Avoir bonne mine : la santé à fleur de peau

Donner à voir son teint pain d'épice, son corps bronzé, ses seins pointus, ses cheveux dorés, sa peau tendue, ses ongles peints, ses mains brillantes, ses pieds sculptés, ses jambes galbées… Tout cela peut laisser imaginer que la santé est au plus haut de la forme. Or, l'apparence peut être trompeuse. Nous disposons aujourd'hui d'une multitude de produits qui vont œuvrer dans le sens de « se donner bonne mine », en oubliant les véritables mesures de précautions en matière de santé. Qu'est-ce qui va nous conduire à adopter de tels comportements ? Qui sont ces donneurs de normes ? Pourquoi investir

---

1. Jean-Pierre Poulain et Jean-Pierre Corbeau, *Penser l'alimentation*, Éditions Privat, 2002.

tant d'énergie dans l'apparence ? Privilégions-nous la forme ou le fond ? Pourquoi la mode est-elle à fleur de peau ?

L'histoire peut remonter en France au début des congés payés en 1936. Il était important d'afficher son bronzage au retour de ses vacances, preuve tangible de vacances de rêve. Tout le monde n'étant pas logé à la même enseigne, afficher sa bonne mine, c'était se persuader et persuader les autres que la forme et la santé étaient associées.

Or, nous avons compris depuis que le soleil tant recherché n'était plus notre allié. La médecine, par l'intermédiaire des médias, s'empare de ce dossier et dénonce les méfaits du soleil, les cancers de la peau, des poumons et bien d'autres pathologies encore. Nous voilà déconcertés. Plus de parure d'été, plus de signe extérieur de vacances au soleil, plus de rituel, de serviette de bain, bouquin, bain de mer, le corps paralysé aux rayons de soleil. Alors que faire ?

Avoir recours à toute une gamme de produits qui seront susceptibles de nous protéger. Se protéger tout en s'exposant, voilà la nouvelle problématique. Nous sommes donc plongés dans le monde de la cosmétique où chaque produit aura un rôle à jouer dans nos bonnes mines. Confucius en son temps déjà évoquait ces miracles et disait : « *Quand le poil est raclé, une peau de tigre ou de léopard ne se distingue plus d'une peau de chien* ». Nous savons très clairement que l'apparence est ce qui paraît vrai sans l'être.

Les autobronzants entrent en scène. Ils vont nous garantir un teint hâlé, sans soleil ni rituel. Nous pourrons avoir la peau couleur de cuivre, mais bien souvent, ce que l'on ignore, c'est que ces produits miracles ne protégent pas des effets néfastes des rayons ultraviolets. Ce maquillage, ce bronzage artificiel, qui masquent les imperfections de nos corps, nous plongent dans le paradoxe qui consiste à ne plus s'exposer tout en gardant l'apparence colorée.

On finit encore une fois par en oublier nos âges. Nous sommes tellement plongés dans le paraître que cette mode à fleur de peau risque de nous coûter la vie. Les signes de la beauté ne sont pas forcément les signes de la santé.

Recherche de sens et émergence du moi

Dans certaines revues spécialisées sur le corps et la santé, on voit fleurir les dossiers consacrés à cette quête permanente. L'esprit fait irruption dans la problématique du corps. On y voit pointer l'idée que se contenter d'écouter son corps n'est pas suffisant. À force de masquer son moi, le corps encaisse les coups. « Qui suis-je ? », « quel sens veux-je donner à ma vie ? » La complexité de ces questions apparemment simples semble donc inséparable de la santé et de la bonne gestion de son corps. Qu'en est-il aujourd'hui de cette recherche de sens ? La norme collective actuelle nous conduit vers des démarches qui, bien souvent, vont mettre à l'honneur le désir d'un bien-être général, sans pour autant répondre de façon précise à la question du moi.

La conduite classique consiste à profiter de l'instant présent, à aller à la recherche du bonheur, à la rencontre de l'autre, à construire sa famille ainsi que sa maison. Le travail professionnel va donner la possibilité aux plus motivés de réaliser leurs objectifs. Mais malheureusement, tout n'est pas aussi simple. Pour certains, des histoires de famille, des souvenirs d'enfance viennent hanter nos vies, et cela même à l'âge adulte. Se focaliser sur son corps, mettre un mouchoir par-dessus les problèmes, faire en sorte que ces manifestations ne viennent pas perturber notre volonté d'accéder au bien-être va souvent constituer la seule réponse. La conséquence, c'est que nous utilisons ainsi notre corps en guise de paravent afin de faire taire ces états d'âme. Il est plus simple de mettre le corps à l'honneur afin qu'il s'apaise en nous laissant profiter de la vie comme il se doit. On va « mettre sur le dos du corps les maux de la tête ».

C'est la solution de facilité. Soigner son corps, tout le monde nous invite à le faire. Marques et professionnels nous proposent de plus en plus de services favorisant l'épanouissement du corps qui, comme un bon élève, va suivre les conseils à la lettre. Les résultats visibles ne se feront pas attendre. Rapidement les corps vont s'assouplir, se muscler, s'amincir, se guérir, se rapprocher… Mais il va suffire de trois fois rien pour que tout bascule. Le Moi réclame, il exprime à son tour au travers du corps ses malaises, ses inquiétudes, ses préoccupations. Le corps ne peut plus faire semblant. Finis les états de bien-être stéréotypés. Il faut se pencher sur les demandes pressantes du Moi ou bien sombrer dans la somatisation. Le corps a mal, il va peut-être grossir, s'alcooliser, s'enfumer ou se médicaliser.

Notre corps ne peut pas à l'infini servir de paravent à nos maux intérieurs. Il n'est pas capable de tout encaisser sans rien exprimer. Ainsi, résister à la norme collective, penser sa vie avant de la mettre en œuvre, écouter son intérieur, mener une démarche individuelle constituent la solution. C'est ainsi qu'il faut expliquer le développement actuel de la philosophie, la psychanalyse, la religion, la spiritualité, la réflexion, l'échange, la rencontre, la découverte, sans parler des techniques venues d'Orient, approches qui peuvent nous conduire vers des horizons plus créateurs d'harmonie entre le corps et l'esprit.

Le corps qui communique

De tout temps, les peuples ont porté un intérêt particulier à leur corps. Les Égyptiens n'ont pas hésité à les embaumer pour les faire « vivre » encore plus longtemps. Les bonds en avant prodigieux dans la santé moderne ont modifié la représentation sociale du corps, ainsi que la représentation de notre propre corps. Nous sommes mieux nourris, mieux soignés, mieux traités, plus dorlotés. Le désir de santé s'est développé. L'épanouissement personnel ne passe plus uniquement par la réussite sociale, intellectuelle ou financière, mais par la libération et l'expression de notre corps. Le corps n'est plus un moyen, mais une fin, il n'est plus un outil mais un objet de séduction et d'autothérapie. Si mon corps est beau et sain, alors je suis bien. Alain Corbin, Jean-Jacques Courtine et Georges Vigarello montrent bien dans *Histoire du Corps*[1] les prodigieuses mutations du regard qui a été porté sur lui au cours du XXᵉ siècle. *« Jamais l'organisme n'a auparavant été pénétré comme il va l'être par les technologies de visualisation médicale, jamais le corps intime, sexué n'a connu une surexposition aussi obsédante, jamais les images de brutalité guerrière et concentrationnaires qu'il a subies n'ont eu d'équivalent dans notre culture visuelle… ».* Aujourd'hui, le corps est regard. Si je ne crois plus en rien, alors je me rassure en me contemplant dans un miroir. Mon corps est un repère, une boussole, un phare, un temple. Bronzage, musculation, gymnastique, body building, massage constituent ainsi une double réponse : physique et morale.

Mais ce culte du corps procède d'un fonctionnement tout à fait particulier. On donne la parole au corps. Il parle, s'exprime, il fait de la « communication non verbale ». Il ne s'agit pas seulement de favoriser une expression individuelle, mais aussi de se conforter davantage en obéissant à une norme esthétique. Le regard d'autrui va compter autant que mon propre regard. Ce que je vois dans le miroir est avant tout ce que les autres vont voir, et l'effet positif du regard qu'ils vont m'adresser. Mieux manger, mieux se soigner, avoir une activité physique… Tout cela pour être mieux apprécié et plus heureux. Et là, la compétition va commencer. Être plus blonde, plus mince, plus tonique, plus jolie… Plus conforme. Être plus sportif, plus dynamique, plus lisse, plus viril… Plus en phase avec l'image que je veux donner.

---

1. *Histoire du Corps*, Éditions du Seuil, 2006.

Car les contraintes que l'on s'impose pour une santé totale sont lourdes. Elles nécessitent des compensations. Les unes sont concrètes et vont se mesurer en cigarettes en moins, en risques en moins, en kilos en moins et donc en années en plus. Les autres compensations vont se mesurer en sentiment de maîtrise de son corps, en look, en image de forme, en performance sociale et amoureuse. C'est là que nous allons trouver nos motivations, nos justifications, nos encouragements.

Les produits et les médias sont là pour nous y aider. Véritables « auxiliaires de vie », les produits sont nos alliés dans ce combat. Qu'il s'agisse de beauté, de soins, de nutrition, de vacances, de forme... Les produits nous procurent un soutien à plusieurs niveaux. Alliés objectifs, coaches, confidents, appuis, puisqu'ils nous aident, puisqu'ils ont été conçus pour cela, puisque les autres les apprécient, alors il me faut les consommer aussi. J'aurai plus de chances de gagner mes combats si je les ai avec moi. Ils contribuent à l'image de mon corps, à l'image que j'ai de moi, à l'image que les autres ont de moi.

Les médias également jouent ce rôle d'encouragement. *Vas-y, tu peux y arriver, regarde comment les autres font. Et regarde le résultat.* Bien sûr, il y a une grosse différence entre l'idéal présenté par les médias en termes de beauté et la réalité. Mais cette différence même agit comme un levier puissant du changement. On nous présente des modèles : le sportif, le viril, l'athlète pour les uns : l'actrice, le mannequin, la star pour les autres. Nous nous laissons séduire et notre démarche va consister à tendre vers ces modèles. Évidemment, cette quête n'est pas toujours couronnée de succès.

De fait, on a l'impression que ce qui compte le plus, ce n'est pas tant le résultat final, mais la volonté que sa recherche implique. Si je me bats ainsi pour rester jeune, beau et en bonne santé, c'est le signe que je possède des valeurs morales positives, une volonté puissante, une détermination totale. L'image du corps devient donc le porte-parole de la personne, comme la marque est le porte-parole du produit.

La logique participative

Notre époque n'est plus à la passivité. Nous détestons être traités comme des enfants, comme des êtres dont l'identité, le libre-arbitre, l'individualité sont niées. Dans ce cas, nous nous révoltons, nous renâclons, nous nous enfermons dans nos certitudes antérieures.

Dans la santé, la règle de la coproduction, c'est-à-dire la logique participative, joue à plein. Nos comportements habituels sont si liés à l'enfance, à nos habitudes, à notre image de soi, à notre histoire individuelle et collective qu'il nous est totalement impossible d'accepter de but en blanc des consignes de changement, même extrêmement salutaires. Dans ce cas, différentes conduites d'évitement seront mises en œuvre : déni, démenti, contestation, désaveu, etc. Le phénomène de dissonance cognitive en est la meilleure illustration : si une assertion qui vous paraît véridique vient en contradiction (dissonance) avec votre comportement antérieur, vous allez vous ingénier à trouver de nouvelles raisons qui viendront justifier et renforcer vos choix passés. Tout changement vous sera ainsi impossible. Il faut voir ici l'explication principale des échecs des stratégies basiques, simplistes, sommaires, ou réductrices menées dans le passé par un certain nombre d'acteurs privés ou publics dans le domaine de la santé.

Donc, si vous êtes un acteur de santé, collectivité ou entreprise, pour générer des changements dans ce domaine, il vous faut passer par la case coproduction. Cette règle a bien sûr des conséquences dans la relation patient/médecin, dans les comportements face aux crises alimentaires, dans l'adoption de régimes, dans l'acquisition d'une hygiène de vie ou de conduites de prévention, dans la consommation de nouveaux produits… Le patient veut être considéré par son médecin comme une personne, être questionné pour pouvoir donner sa propre réponse, s'exprimer, réagir à une prescription, comprendre ce que l'on attend de lui. Si le médecin veut obtenir de lui un réel changement, alors il jouera ce jeu qui seul permet une conversion, une mutation durable. Face aux crises, le « tout comportemental » n'est sans doute pas la bonne solution. On fait comme si le consommateur réagissait automatiquement au panneau routier : *danger*, et de là, on s'étonne de voir se développer des conduites irrationnelles témoignant de son incompréhension face au phénomène. Entreprendre un régime ne peut pas non plus se réaliser sans coproduction. L'époque n'est plus aux régimes tout faits, photocopiés que l'on suivait à la lettre. Au contraire, l'importance des rayons santé dans les librairies montre le désir de l'individu de s'approprier, de lire, de comprendre, d'adapter activement des modèles à son cas particulier.

La façon dont ont évolué les maquettes des magazines santé en est aussi une illustration. On n'y développe plus une logique descendante (celui qui sait parle, on l'écoute religieusement…), mais une logique plus participative fondée sur le dialogue, le partage d'expérience, les dossiers, les questions réponses, les quizz. Le boom de l'automédication constitue aussi un indice de ce désir. Celle-ci n'est plus présentée comme le mal absolu, porteur de conséquences catastrophiques, erreurs de diagnostic ou réponses contre-productives à des maladies réelles, mais comme un complément du travail des professionnels de santé. Quant à l'adoption d'un nouveau produit, on a depuis longtemps mesuré l'inefficacité du modèle publicitaire standard. Le consommateur doit être préparé, informé, pouvoir dialoguer sur le sujet, chercher lui-même de l'information (même si en pratique cela demeure quelquefois au plan de la potentialité), veut lire la contre-étiquette, la notice, l'article du journal qui est consacré au produit et aux premiers utilisateurs.

Un univers santé façonné par les médias

Aujourd'hui, en France, le thème de la santé est devenu incontournable dans les médias. Tarif Média, l'annuaire qui recense l'ensemble des médias publicitaires, compte 21 magazines dédiés spécifiquement au thème santé. Le nombre des lecteurs des cinq principaux magazines santé se chiffre à plus de 4 millions. Les émissions de télévision qui se focalisent sur la santé obtiennent des succès considérables. Quant à la fréquentation des sites santé, Doctissimo indique par exemple plus de 5 millions de visiteurs uniques par mois.

Quant au contenu, faisons l'analyse d'un numéro du journal *Le Monde* pris au hasard (mercredi 9 août 2006). On y constate l'influence de la santé sur les rapports internationaux (le boycott de Coca-Cola et de son rival Pepsi en Inde pour des raisons sanitaires et de concurrence politico-économique). On y mesure l'importance du thème du refus de vieillir dans nos sociétés (« *Oui à l'été, non au vieillissement de ma peau !* », proclame une annonce publicitaire pour un lait brumisateur du groupe L'Oréal). On y développe la problématique des fumeurs dans les entreprises de l'Union européenne (au travers de la jurisprudence stupéfiante qui semble autoriser une entreprise à refuser d'embaucher un fumeur !). On y démontre que, cette fois en juillet 2006, l'État a pris la mesure de la crise liée à la canicule. On y confirme, en page sports, l'omniprésence du dopage dans un nombre étonnant de disciplines sportives. Avec surprise, on y reparle des épidémies « modernes » (le H5N1 refait parler de lui), tandis que la ménopause (thème qui concerne la santé de millions de femmes) recouvre l'intégralité d'une page.

Si cet exemplaire est à peu près représentatif de notre paysage médiatique santé, on pourrait décrire cet environnement en trois familles, trois cercles concentriques. La « santé menace », la « santé sociétale », et la « santé désir ». Ces trois familles recouvrent ce que l'on pourrait appeler notre *Univers Santé*, qui nous est si coutumier.

La *santé menace* est la première et la plus importante forme médiatique. Elle prend d'abord le visage des épidémies modernes qui, après quelques semaines d'accalmie média (temps nécessaire pour oublier la gravité du fléau et retrouver un pouvoir d'horreur intact), nous plonge brutalement dans les images de cadavres, de masques protecteurs, d'incinérateurs et d'experts plus ou moins rassurants. Son autre visage est celui de la maladie, présentée sous toutes ses formes, disséquée, radiographiée, analysée... Pour mieux nous indiquer les justes mesures de prévention, quand elles existent.

La *santé sociétale* construit autour de nous un deuxième cercle, qu'il s'agisse des problèmes économiques, du déficit de la Sécurité sociale, des problèmes de dopage, des problèmes liés au travail, aux normes sociales, aux mœurs, aux comportements. C'est le domaine de l'alcoolisme, du stress au travail, du tabac, des addictions diverses et des maladies de la consommation.

La *santé désir* se manifeste dans l'ode au corps parfait, dans l'hymne à la beauté, dans la représentation éternellement jeune des hommes et des femmes, dans les exercices physiques et les nombreux trucs conseillés pour conserver notre santé, dans les produits de soin et de beauté, dans l'omniprésence d'une iconographie de la perfection du corps...

Ainsi, si l'on conjugue les effets cumulés de cette triple représentation de la santé, nous baignons dans cette mer tantôt bienfaisante, tantôt menaçante, mais qui ne nous laisse jamais indifférents. Stimulés, interpellés, questionnés par ces différentes questions santé, nous sommes appelés à donner nos réponses. Réponse individuelle : lutte, prévention, changement de comportement, effort, mise en tension, ou quelquefois, écrasés que nous sommes par l'immensité de la tâche, relâchement ou déni. Par rapport à d'autres sujets transversaux omniprésents dans les médias, la santé est en effet l'un des seuls à susciter une réaction aussi forte de notre part. Autant la politique internationale ou le sport nous cantonnent dans le rôle de spectateur, autant le thème de la santé nous pousse à réagir. La santé est le domaine de l'interaction par excellence.

La *santé menace* nous rappelle à l'ordre. Nous ne devons pas oublier que nous sommes mortels et fragiles. La *santé sociétale* inscrit ensuite cette problématique dans notre quotidien. La *santé désir* nous fournit les leviers qui nous permettent, dans l'imaginaire ou dans le réel, de réagir. Ainsi, au travers de ces trois univers, l'affectif, le cognitif et le conatif (le comportemental), notre individu est totalement impliqué. La santé est partout. La santé est en nous.

Le rôle des institutions de la santé

Évaluer, prévenir, étudier, émettre des avis, conseiller, communiquer, informer, faire évoluer les comportements, alerter, mettre en place des programmes... Voici un aperçu des missions des huit agences principales qui veillent, en France, sur notre santé. Elles ont pour nom : Agence française de sécurité sanitaire des aliments (Afssa), Agence française de sécurité sanitaire des produits de santé (Afssaps), Agence française de sécurité sanitaire environnementale (Afsse), Haute autorité de santé (Has), Agence de la biomédecine, Établissement français du sang (Efs), Institut de veille sanitaire (Invs), Institut de radioprotection et de sûreté nucléaire (Irsn), Institut national de prévention et d'éducation pour la santé (Inpes). Bien entendu, elles n'ont pas toutes la même mission. Certaines veillent, d'autres étudient, d'autres s'efforcent de nous informer et de susciter de nouveaux comportements.

L'Union européenne consacre une part importante de ses travaux à notre santé. À Bruxelles, de nombreux fonctionnaires travaillent directement ou indirectement à l'amélioration de notre santé. Ces personnes produisent régulièrement des textes qui en réglementent les modalités. La charte sociale de 1989, le traité de Maastricht, le traité d'Amsterdam, la Cour de justice et ses nombreux arrêts concernant la santé, le Haut Comité de la santé, le Forum européen de la santé, la législation sur les organes, le sang, les problèmes vétérinaires et phytosanitaires, les directives tabac, les recommandations sur le cancer... Tout cela a un impact et une utilité évidents. L'Union européenne travaille sur le problème des écarts de santé, mais aussi sur les déterminants de la santé, c'est-à-dire les facteurs qui ont une influence directe sur notre santé comme le tabac, les styles de vie, la nutrition, les conditions de travail. Elle considère la santé comme un enjeu transversal qui touche tout le monde et concerne toutes les activités.

La superposition de ces deux niveaux qui vont dans le même sens induit l'idée de prise en charge totale. Nous sommes pris en main, on s'occupe de nous, on pense pour nous, on veille sur nous. On parle de prise en charge sanitaire des personnes, de prise en charge de la santé mentale, de prise en charge hospitalière, de prise en charge à 100 % des maladies graves, de prise en charge globale... Bien sûr, tout cela est très utile, et souvent nécessaire. Néanmoins, on peut s'interroger sur les effets pervers de cette propension des institutions à nous surprotéger. Nous avons quelquefois tendance, en effet, par paresse ou par facilité, à nous laisser aller vis-à-vis de notre propre santé. Endormis par la présence rassurante des agences, rassurés par la mise en œuvre des différents plans, convaincus par le bien-fondé et le sérieux des programmes, nous sommes enclins à confier les clefs de notre santé et de notre corps à l'institution, oubliant quelquefois la nécessité de nous prendre en charge nous-même. Le premier baromètre BVA Protéines montre que 85 % des personnes interrogées pensent que l'État doit en faire encore plus pour notre santé !

Cette politique de protection ne nous fait-elle pas oublier que nous devons contribuer pour une large part nous-mêmes à nous soigner, à prévenir la maladie ? La prévention, c'est nous, le style de vie, c'est nous, le tabagisme actif, c'est nous, l'activité physique, c'est nous, le regard objectif sur notre poids, c'est nous... Le fait d'être pris en charge ponctuellement, pour une opération – par exemple, ne devrait pas induire l'idée que nous sommes autorisés à faire n'importe quoi avec notre corps entre les périodes de réparation.

Les travaux réalisés sur la prise en charge personnelle de son corps et de sa santé montrent que la posture active, la lutte contre la maladie, pour ne pas parler que de la prévention, contribuent pour une part importante au succès des traitements. Ni le cancer, ni le sida ne peuvent être vaincus par la seule force mentale du malade. Mais cette force constitue un complément déterminant. Se maintenir en bonne santé, puis guérir, ce n'est pas simplement de la chimie.

> Le système immunitaire du corps lui permet de se défendre contre de nombreuses agressions. Notre cerveau limbique, le cerveau des émotions met le corps en alerte et, par l'envoi de messages à l'hypothalamus, suscite des réactions appropriées. Par un mécanisme complexe entraînant la libération d'hormones, l'accélération des battements cardiaques, la pression sanguine, le rythme des poumons, le corps se bat. Ce système de survie par réactions en chaîne est inscrit dans nos gènes. Mais si le cerveau ne joue pas son rôle, les mécanismes de défense ne seront pas mis en alerte.

Il faut donc trouver un équilibre entre deux prises en charge. La prise en charge personnelle : je maîtrise ma vie, mon corps, mon poids, ma santé etc., et la prise en charge médicale : j'écoute, je comprends, je contribue à mettre en œuvre ce que les professionnels de santé me recommandent. *Ne te demande pas uniquement ce que les médecins peuvent faire pour ta santé, demande-toi plutôt ce que toi, tu peux faire pour elle.*

La santé, une affaire individuelle

La question qui se posait naguère : *est-ce que je vais pouvoir manger aujourd'hui ?* La question qui se pose dans nos pays développés : *qu'est-ce que je vais manger aujourd'hui ?* Entre les deux, un monde.

Jean-Pierre Corbeau et Jean-Pierre Poulain, éminents sociologues de la nutrition, affirment qu'à l'origine « *les mangeurs ne pensent pas* »[1]. En effet, un enfant qui naît dans un espace social alimentaire déjà structuré, où le manque est la règle et où les habitudes sont fortement ancrées, va reproduire le modèle. La question de savoir ce qu'il va manger ne se pose tout simplement pas. Il apprend à manger les choses qu'on lui propose avec un rituel immuable. Tout cela va de soi. Aujourd'hui, en revanche, la problématique de raisonnement alimentaire se pose tout autrement. Le manque a, la plupart du temps, et chez nous en tout cas, disparu et est remplacé par le « trop ». La proximité du produit a disparu, l'aliment est devenu lointain, industriel et abstrait. Le rapport à l'alimentation s'est individualisé. Dans les villes, à la table de la maison, chacun a son entrée, son plat, son dessert... Chacun pense, chacun choisit. Au moins en apparence.

Sur quels critères s'opèrent dorénavant ces choix ? Sur la beauté et la santé. Quel aliment pour rester mince ? Quelle quantité, quelle préparation pour mincir davantage ? Quel aliment supprimer pour éviter l'épidémie ? Quelle préparation réaliser pour maximiser la prévention de telle maladie ? On le voit, en quelques dizaines d'années, l'alimentation, et par là la beauté et la santé, sont devenues le domaine du choix individuel.

Ainsi va devoir s'opérer une éducation rigoureuse, difficile et individuelle. Chacun va désormais devoir reconstruire son propre modèle, se donner des objectifs, des règles et devoir les suivre. On voit donc le travail intense nécessaire à une telle éducation. Bien loin de l'automatisme, le choix de consommer, de penser sa consommation-santé va être omniprésent. L'équation est loin d'être évidente. Comprendre les mécanismes complexes qui régissent la consommation, la santé et la beauté. Puis, les adapter à soi-même. Enfin s'établir des règles de vie. Et évaluer leur efficacité.

Le travail réalisé par Corbeau et Poulain dans le domaine de la nutrition peut être adapté au contexte plus large de la santé. Ces deux sociologues décrivent les modèles de la rationalité (rationalité en finalité et rationalité en valeur). Nous allons voir que ces distinctions apportent une aide considérable à toute entreprise ou toute organisation voulant intégrer des ingrédients santé dans leur offre au consommateur ou au citoyen.

---

1. Jean-Pierre Corbeau et Jean-Pierre Poulain, *Penser l'alimentation*, Éditions Privat, 2002.

La rationalité en valeur opère une connexion forte entre produit à consommer et valeur sociale. *Je choisis ce produit car il semble correspondre aux valeurs sociales auxquelles j'adhère.* Il est légitime à mes yeux. La source de la légitimité peut être une mode, un label, une norme, ou bien un discours scientifique rassurant, ou encore la recommandation d'une figure d'autorité, un modèle publicitaire, par exemple. Le rôle de la communication sera ici d'ordre publicitaire : créer un univers de valeurs sociales autour du produit. On constate alors qu'il n'y a pas de lien direct entre le choix fait par le consommateur et les conséquences réelles que ces choix génèrent sur sa santé.

La rationalité en finalité repose sur la réponse à la question : *ce produit est-il bon ou mauvais pour ma santé ?* En fonction de la réponse, que vais-je décider ? Construire un tel type de raisonnement nécessite de la part de la personne une connaissance des produits à consommer, un lien entre ces produits et sa santé. On le voit, les rôles de l'information et de la communication sont immenses. Il faut ici éclairer le consommateur sur le produit, expliquer son fonctionnement, faire imaginer les bénéfices qu'il va en tirer. Par la suite, vérifier la validité : *ce produit a-t-il été au final bon pour ma santé ?* Ce modèle est particulièrement intéressant, car il fonctionne de façon systémique. Le lien est fait entre produit, consommation et santé.

De fait, ces deux modèles peuvent s'appliquer. On voit bien que, dans l'univers de la santé, tous les acteurs ont intérêt à donner un rôle actif au consommateur, et en quelque sorte lui donner les clefs. Ce sera à lui d'arbitrer entre les deux modèles. La rationalité en finalité fait à la fois progresser le consommateur et l'entreprise, joue une partition égalitaire permettant un véritable choix. La rationalité en valeur sociale, à dominante plus culturelle, permettra à l'individu de mieux s'intégrer au groupe, d'échanger, et d'évoluer avec les autres, avec l'aide des autres.

De la lutte contre la maladie au rêve de santé totale

La deuxième dimension de la nouvelle santé repose sur l'axe suivant : la lutte contre la maladie ou la recherche du bien-être. Si les progrès de la médecine, de l'alimentation, de l'hygiène et de l'information ont fait reculer la maladie, le spectre est toujours là. La pollution, la terreur des épidémies, la crainte du moindre risque, etc., nous font aller vers une recherche de zéro risque dans la santé. Le concept de santé/bien-être est concomitant du concept de santé-maladie. « *Le climat de pessimisme et de catastrophe imminente explique le développement des stratégies narcissiques de survie, promettant la santé physique et psychologique[1]* ».

Symptôme d'une Europe riche, bien soignée, bien nourrie, cette aspiration au bien-être revêt plusieurs formes, jusqu'à la négation même de la mort... Les consommateurs ne veulent pas seulement des moyens, des outils, des instruments, ils veulent un résultat : l'état de bien-être absolu ou relatif. Quelles marques, quelles entreprises seront élues pour être leurs alliés dans cette quête ?

La tentation du risque zéro

Un chiffre, pourtant tout petit, réussit un étonnant parcours, c'est le zéro ! En effet, accolé à des thèmes comme défaut, comme tolérance, risque, etc., il prend une signification particulièrement forte dans une société en quête de garantie totale. Et qu'y a-t-il de plus absolu qu'un zéro ? Le chiffre zéro confère un pouvoir absolu à la chose qu'il accompagne.

---

1. Gilles Lipovetsky. *L'ère du vide*, Gallimard, 2003.

Le zéro n'a pas toujours connu la même carrière. Dans nos inconscients collectifs, le zéro est synonyme de mauvaise conduite, alors qu'aujourd'hui, il illustre un bon comportement. Paradoxes de la langue...

Le « zéro défaut » a débarqué en Europe dans les années soixante, en provenance du Japon. Nos usines étaient encore dans le domaine de l'improvisation : des usines pour êtres humains imparfaits. Le « zéro défaut » des Japonais nous fit passer ce message : *Assez de fantaisie. Nous devons avoir tous les mêmes méthodes, suivre les mêmes protocoles, tendre tous vers l'absolu : l'absence totale de défaut* ! Il faut reconnaître que si le plagiat de nos inventions était de règle en matière de méthodes de travail, et par là de qualité de produit fini, ils avaient raison. Ils nous expliquaient ainsi que nous pouvions être exigeants sur la qualité de nos produits, chasser toute imperfection et que la soif d'absolu, jusque-là réservée aux temples, pouvait aussi se retrouver dans nos entreprises, temples de la nouvelle religion de la consommation.

C'était le premier choc. Le deuxième vint des États-Unis vingt ans plus tard, lorsque, confrontées à une vague de criminalité sans équivalent, les autorités fédérales en vinrent à plus de sévérité par rapport aux récidivistes. Le concept de tolérance zéro connut lui aussi un grand succès, comme si le fait de rajouter un zéro changeait tout... Accolé au terme de tolérance, terme humaniste si l'en est, le zéro change le sens. La tolérance bienveillante d'avant devient coupable, comme si être compatissant, compréhensif, sensible était une forme coupable de faiblesse humaine. Les Américains nous disaient ainsi : soyons Dieu. Ayons soif d'absolu ! Nous devons extirper la criminalité et ne montrer aucune faiblesse. Le zéro crime est possible, une société parfaite est possible, puisque la tolérance zéro est possible ! Bien sûr la suite a montré qu'il n'en était rien, et pourtant, le mythe demeure.

Troisième succès de notre héros, le risque zéro, le principe de précaution. Le risque zéro, c'est l'innocuité totale, c'est la bulle étanche, la chambre stérile, la désinfection portée au pinacle. Le concept exprime cette possibilité (purement théorique bien entendu) de rendre notre existence sans risque. Santé totale, aliments hypersains, sécurité absolue, enfants sages, employeurs précautionneux, toute puissance du CHSCT, État providence, tout ce qui nous entoure est analysé, nettoyé, javellisé et nous garantit une existence parfaite. Parfaite ? Vraiment ?

Effectivement, tout se passe aujourd'hui comme s'il était possible d'évacuer le risque. Ne prendre aucun risque. La perception du risque fait partie de nos illusions cognitives. Nous n'avons pas une pensée probabiliste. Le consommateur est focalisé sur les conséquences du risque plutôt que sur son occurrence. Bernoulli disait déjà au XVIIIe siècle que « les gens préfèrent subir une perte que d'y participer » ! Risque de contamination, risque de contagion, risque d'accident, tout cela peut être éliminé. C'est, comme le dit Denis Guedj[1], comme si l'on tendait vers le « zéro mort ». Or ma vie n'existe que parce qu'il y a ma mort au bout. La santé n'existe que par rapport à la maladie. On peut tendre vers plus de santé, vers moins de maladie. Des maladies plus courtes, moins graves, apportant moins de souffrances, mieux traitées, plus en amont… Mais la santé totale n'existe que dans notre désir. On peut essayer de tendre vers une médecine à zéro défaut, on peut être mieux structurés, avoir des médecins mieux formés, des outils plus performants, on ne pourra jamais y arriver ! L'intérêt du zéro, c'est qu'il nous pousse à nous dépasser. « *Tu veux te décupler, te centupler ?*, disait Nietzsche. *Trouve des zéros* ».

> Le paradoxe consiste à réclamer le risque zéro parce que nous nous laissons aller vers des conduites à risques multiples, liées à notre soif de prendre la vie par tous les pores de la peau. *Protégez-moi, moi qui ne me protège pas !* La prévention est aujourd'hui moins facile à mettre en œuvre dans sa propre vie que suivre les grandes campagnes concernant les épidémies, épizooties et risques alimentaires. C'est que le risque zéro est collectif et dépend des autres, tandis que la prévention est en grande partie individuelle, qu'elle nécessite un effort et dépend de soi. Et là, quand il s'agit de modifier son propre comportement…

Pour ce qui est de la santé totale dans la vie de tous les jours, dans l'alimentation, la consommation, sous la pression du consommateur, la tendance est d'intégrer la problématique santé dans tous les produits et les services. Soyons cohérents. Les ingénieurs qui ont conçu ma voiture ont-ils intégré la logique du risque zéro, l'ensemble des risques santé ? Les crash-tests ? La pureté de l'air dans l'habitacle ? L'absence de tissus allergisants sur les sièges ? L'appartement dans lequel je projette de m'installer est-il conforme à mes objectifs santé ? Les architectes et constructeurs ont-ils fait tout leur possible non seulement pour en renforcer l'innocuité, mais encore pour favoriser ma santé ? C'est sans aucun doute la tendance pour les années à venir. Non pas éliminer tout risque santé, mais intégrer la préoccupation de la santé totale dans tout notre quotidien.

---

1. Denis Guedj, *Zéro*, Robert Laffont, 2005.

La nouvelle terreur des épidémies

Hier encore, nous dormions sur nos deux oreilles, puisque des grands de ce monde avaient trouvé, par le biais de multiples découvertes et recherches, le moyen de protéger nos personnes des nombreuses agressions susceptibles de nous menacer. Nous qui avions déjà la chance d'habiter un coin de la planète plutôt privilégié, l'hygiène, l'amélioration des conditions de vie, les vaccinations, l'éducation des populations, l'augmentation des revenus, nous permettaient de vivre de plus en plus vieux.

Certaines maladies ont même été complètement éradiquées, comme la variole dont le dernier cas fut repéré et guéri en 1977, en Éthiopie.

Pourtant, notre inconscient collectif se souvient des nombreux épisodes dramatiques qui faisaient que l'homme tombait en nombre, incapable de lutter contre les invasions des multiples agresseurs, microbes et virus de toutes sortes qui frappaient en direct les populations.

Les guerres successives furent en partie la cause de ces infections et maladies. Les déplacements, le manque d'hygiène et d'eau, la fatigue et une mauvaise alimentation rendaient les hommes fragiles.

Les livres d'histoire s'emparent du sujet et ponctuent ces faits comme s'il s'agissait d'ennemis au sens premier du terme. Il sera question de la peste, du typhus, de la peste noire, de la syphilis, de la grippe espagnole et bien d'autres encore. Les « envahisseurs » finissent par être identifiés, animaux vecteurs, parasites, microbes. La vaccination obligatoire va rendre le paysage plus paisible.

Tout allait ainsi de mieux en mieux dans nos pays développés, quand un jour, dans les années 80-83 vint le VIH, virus de l'immunodéficience humaine et du sida (acronyme de « syndrome d'immunodéficience acquise »), « la peste des temps modernes ». Une épidémie massive et un mode de transmission multiple (sexuel, sang, mère à enfant…) qui va bouleverser la donne et les rapports humains.

Aucune vaccination, aucun traitement ne permet aujourd'hui de guérir du sida. Il est donc indispensable de repréciser les règles d'hygiène élémentaire et de parler de prévention, même à l'école. Nous voilà concernés par l'émergence de cette pathologie, qui va faire couler beaucoup d'encre. Une brèche étant ouverte, plus question de dormir sur ses lauriers, d'autant que d'autres pathologies vont également émerger subitement. On parle d'épidémie, de pandémie, de zoonose (maladie infectieuse qui atteint les animaux et qui peut être transmise à l'homme). Les virus traversent les frontières, les scientifiques ne trouvent pas de réponses adaptées. On n'hésite pas à mettre l'étranger en quarantaine pour se protéger. Certains pays minimisent les faits pour ne pas faire s'écrouler leur économie.

On abat des élevages de vaches, puis de volailles, la consommation de viande est en chute libre. Les populations sont affolées, elles se méfient de tout. Les politiques prennent des mesures, les médias exposent en images les cadavres d'animaux pour apaiser les angoisses. Il n'en est rien. Quelquefois, on obtient même l'effet inverse : ils créent de plus en plus un climat de terreur. Mais ce n'est pas pour autant que l'on sera prêt à modifier quelque comportement que ce soit. On a peur et on ferme les yeux.

Le consommateur-citoyen a intégré cette nouvelle donne. Elle fait partie de son référentiel mental. La menace plane, le danger est présent.

La crise de l'ESB avait pourtant permis de faire exploser les records : 37 000 articles de presse entre mars et décembre 1996. Record battu avec la crise de la grippe aviaire, tout à fait illustrative de l'évolution rapide des mentalités, et de l'esprit de terreur qui règne dans le monde au début de ce XXIe siècle. Une couverture média qui touche la planète entière, effet de la mondialisation. De plus, il s'agit d'une maladie animale et non humaine, une épidémie qui va frapper de façon aveugle. Les citoyens-électeurs-consommateurs ont changé. Ils sont informés en temps réel d'évènements survenus partout dans le monde, réclament une réaction, des décisions, des actes efficaces, ainsi qu'une bonne couverture médiatique des ces réactions, en phase avec la couverture médiatique de la crise elle-même !

Du côté des acteurs économiques, on sait maintenant qu'une crise peut faire chuter une entreprise : soit par une baisse brutale des ventes sur l'ensemble du marché, soit lorsqu'une entreprise est directement liée au risque. Dans les deux cas, l'agence de communication appelée au chevet de l'entreprise malade sait qu'elle ne peut pas amortir la chute, mais plutôt jouer sur la vitesse de récupération, comme disent les sportifs. L'entreprise fera-t-elle preuve de résilience face aux coups du sort, rattrapera-t-elle rapidement son niveau antérieur ou bien remontera-t-elle si lentement que sa survie sera menacée ?

Aujourd'hui, la pollution, les guerres, les variations climatiques, les inégalités entre le Nord et le Sud, les problèmes d'eau, le non-respect des règles d'hygiène, l'insuffisance des campagnes de prévention, peuvent nous conduire vers de nouveaux chaos. Les scientifiques ont beau chercher, ils n'ont pas toutes les réponses à nos maux modernes. Nous avons, en tant que citoyens, un rôle à jouer afin que nos efforts se conjuguent à ceux des scientifiques. Cette mobilisation collective est obligatoire, comme celle qui a permis l'éradication des épidémies du siècle dernier. De nos jours, à côté des scientifiques et des médecins, les réponses concernent la communication, la prévention, l'information, le dialogue. Et les champs de bataille sont autant dans les écoles que dans les hôpitaux.

Environnement : la santé est dans l'air

Le dioxyde d'azote, dont sont responsables les automobiles, favorise les infections microbiennes des bronches chez les enfants, altère l'activité respiratoire et renforce les crises d'asthme. Le monoxyde de carbone ? À forte dose, c'est un toxique cardio-respiratoire mortel. À faible dose, il diminue la capacité d'oxygénation du cerveau, du cœur et des muscles... Mieux vaut s'arrêter et ne pas parler des particules en suspension, du dioxyde de soufre, du benzène...

De nombreuses recherches démontrent que même à des niveaux moyens, la pollution a des effets néfastes sur notre santé. Selon l'OMS trois millions de personnes meurent chaque année rien que sous l'effet de la pollution atmosphérique. Aujourd'hui, beaucoup ont pris le problème à bras le corps et agissent.

L'action menée par l'État vise à réduire la pollution au niveau le plus bas que permettent les techniques et les conditions économiques. Elle s'appuie sur des programmes de recherche destinés à améliorer la connaissance scientifique des phénomènes, un dispositif de suivi de la qualité de l'air, la réglementation des émissions de polluants, la promotion des modes de transport les moins polluants, le développement d'une fiscalité « écologique » favorisant les industries ou véhicules propres, la sensibilisation de l'opinion publique pour faire évoluer les comportements, et, lorsque cela va très mal, des mesures dites « d'urgence ». Mais ces mesures ne sont rien sans une information, une sensibilisation, une mobilisation, et des changements importants de comportement chez tous les acteurs, spécialisés ou non.

De façon pratique, l'État a décidé de développer la formation initiale et la formation continue des professionnels de santé. Effectivement, si le jeune médecin ou pharmacien n'acquiert pas les repères qui lui permettront, dans son travail quotidien, d'interpréter, derrière les troubles d'un enfant, la répétition de crises d'asthme de l'adolescent, ou encore l'apparition d'un cancer de la vessie d'une femme non fumeuse, l'influence de polluants présents dans l'environnement, il ne pourra pas jouer pleinement son rôle de sentinelle que le système de santé lui confie.

Développer la sensibilisation et la formation « environnement-santé » des professionnels de l'habitat et du bâtiment constitue un autre enjeu. Le rôle de ces professionnels dans la qualité de l'air intérieur est essentiel puisqu'ils interviennent dans la qualité du « drainage » d'une habitation, dans la conception des lieux à forte production d'humidité, sur la ventilation, le choix des différents matériaux...

On pourrait ainsi passer en revue tous les secteurs : l'industrie, les transports, mais aussi les services qui accueillent du public, les lieux de loisirs qui accueillent les enfants...

De fait, toute notre économie est en train de se mobiliser sur le problème de la pollution-santé, et ceci pour plusieurs raisons. Pour des raisons humaines et morales : sachant aujourd'hui ce que l'on sait, il est impossible de continuer comme avant. Pour des raisons économiques : affaiblir, endommager, rendre malades nos employés ou nos clients n'est pas une bonne stratégie. Pour des raisons marketing : aujourd'hui, l'intérêt du consommateur, du citoyen, de l'électeur, du chercheur d'emploi, est fortement tourné vers la dimension santé. La possibilité de se différencier par la posture pollution/santé est immense. Et qui dit différenciation, dit préférence et fidélisation. Les résultats du premier baromètre santé réalisé conjointement par BVA et Protéines le montrent : trois personnes sur quatre intègrent la dimension santé dans leur consommation.

La page est définitivement tournée. Les acteurs socio-économiques n'ont plus le choix. Il ne s'agit plus de savoir si on va ou non s'inquiéter du problème environnement/pollution/santé, mais plutôt comment on va le faire. L'expérience montre qu'il est plus efficace d'aborder la sensibilisation à l'environnement par le biais de la santé. L'environnement peut quelquefois apparaître comme générique, abstrait, lointain... La pollution santé concerne ma planète, certes, mais me concerne aussi moi.

Le mythe de la protection totale

Vous désirez un masque respiratoire, un poncho de survie, des gants protecteurs, des chaussures de sécurité (d'ailleurs devenues curieusement à la mode !), une combinaison, des sur-bottes, un casque adapté à votre activité ? Rien de plus facile.

Aujourd'hui, toute une série d'entreprises, de catalogues, de spécialistes de VPC, voire même de rayons spécialisés dans les grandes surfaces de bricolage vous fournissent tout cela. La protection est devenue omniprésente.

Vous partez en vacances ? Dans votre pharmacie, la protection est partout. Contre le soleil, les moustiques, les guêpes, le paludisme, la pollution, la légionellose, le sida bien sûr... Et tout cela existe en crème, en spray, en gel, en tube, en flacon, en pulvérisateur... Au choix. Vous pensez à l'avenir ? Votre banque vous proposera toute une série de produits pour protéger votre argent ; votre mutuelle vous proposera des garanties intégrales de protection santé.

Vous venez de passer votre bac ? Sachez que la protection est un secteur prometteur. Vous pouvez devenir par exemple *coordonnateur sécurité protection santé*. Bien sûr, il vous faudra apprendre à jongler avec l'état des risques naturels et techniques (ERNT), savoir comment combattre ces ennemis que sont le plomb, l'amiante, les termites, les piscines, les ondes radio, l'humidité... Mais c'est sûr, vous allez trouver du travail ! Et votre statut social vous vaudra le respect : on vous fera confiance, vous inspirerez l'admiration, votre expertise sera reconnue.

Vous venez de vous acheter un ordinateur ? Vous avez patiemment appris à utiliser les logiciels d'aujourd'hui ? Bon, maintenant il faut vous pro-té-ger ! Contre le spamming, contre les *spywares*, contre les virus, contre les faux e-mails, contre les cyberdélinquants. Si vous le voulez, vous pouvez même vous inscrire à l'école : la *High School Cyber Défense Compétition*, par exemple, vous apprend à protéger vous-même votre ordinateur contre tous les risques.

Autant se faire une raison, la protection est partout. Elle touche le vocabulaire et les représentations. Les termes de danger, de risque, le mot « anti », le vocable « les effets de » sont mis en avant. Pour les annihiler, d'autres termes se développent. Muraille, barrière, alarme, couverture, volet, filet, plan... Des verbes guerriers réapparaissent : lutter, mobiliser, faire face... Tous les aspects de notre vie sont touchés. Le travail avec la crainte du stress, du harcèlement, de l'insécurité, de l'amiante, de l'air climatisé... L'État avec la protection sociale, la protection des mineurs, la protection des plantes, les risques naturels, les agences, et les plans de lutte divers et variés. Les produits de consommation avec les contre-étiquettes et les notices d'utilisation qui vous informent et qui dédouanent le fabricant. L'école où l'on apprend à nos enfants à se comporter autrement grâce aux interventions en classe de gendarmes pédagogues. Les comportements alimentaires qui intègrent aujourd'hui des plans de protection contre les cancers et les maladies cardio-vasculaires... Les compléments alimentaires positionnés comme des ingrédients magiques censés apporter *la* réponse aux problèmes globaux de santé des consommateurs.

Mais au fond, pourquoi une telle recherche de protection ? Une attente de sécurité ? Le besoin d'un bouclier contre les agressions extérieures ? Il est à noter que le terme de « protection » est omniprésent dans les situations dominant/dominé. La protection justifie la domination. Le seigneur n'exploite pas ses serfs, bien sûr, il les protège ! On peut s'interroger sur ce désir qui cache chez l'un le désir de dominer, et chez l'autre l'acceptation tacite de la domination. C'est vrai, notre désir de protection nous met souvent dans les mains dominantes de ceux qui nous la proposent.

La société de la peur

Deux attitudes assez différentes peuvent se manifester dès lors que l'on aborde la problématique du risque et de la santé. *« Impose ta chance, serre ton bonheur, et va vers ton risque ; à te regarder, ils s'habitueront »*, préconisait René Char. Reconnaître la présence de risques et les assumer pleinement ne correspond pas toujours aux opinions communément partagées à notre époque.

« Plus contagieuse que la peste, la peur se communique en un clin d'œil » serait un slogan plus en phase avec les angoisses de nos contemporains. La pensée de Nicolas Gogol était prémonitoire. Notre société a peur du risque. *« Incendie Accident Risques Divers, IARD ! »*, nous répète notre assureur ! *« À vos risques et périls »*, nous assènent nos juristes ! *« Grossesse à risque »*, prophétise le gynécologue ! Le nouveau métier de *risk manager* nous apprend comment s'en prémunir et les éliminer. La couverture des risques recouvre aujourd'hui la banque, la finance, les matières premières... Il y a des risques professionnels, des risques de crise, des risques majeurs, et on réassure même les risques !

De quels risques parlons-nous ? Nous en recensons six :

- les risques consentis : le joueur au casino sait qu'il prend des risques, tout comme le fumeur ;
- les risques excitants : le motard dépasse les limites, tout comme le toxicomane ;
- les risques institutionnalisés : le feu, la baignade sont pris en charge par des lois et des hommes. Il faut alors se soumettre aux radiographies et contrôles ;
- les risques qui protègent : lorsqu'on a repéré le risque, la conduite à tenir devient protectrice, comme lors de certaines grossesses ;
- les risques imprévisibles : ils nous tombent dessus brutalement, inondations, tsunamis, animaux vecteurs, insectes, virus divers et autres bactéries ;

— les risques cachés : masqués ou sous-estimés volontairement, ils créent à la fois dangers et polémiques.

Il faut donc connaître la nature du risque, ne pas faire un amalgame simpliste et adapter sa réponse en fonction de sa nature. La prise de conscience de certains risques nous sauve la vie !

Mais, au-delà, ce qui est intéressant, c'est l'attitude face au risque. En fait, le risque devrait stimuler la vigilance et la prévention. Qui dit risque dit prise de risque et donc responsabilisation de la personne. Qui dit risque dit aussi conduites à risques et donc établit la corrélation, la causalité entre des comportements qui les multiplient et la fréquence de leur apparition. Notre système de santé considère que la maladie est un risque, un risque assurable. Mais au cœur du système, il y a la personne, dotée d'un capital santé, qu'elle gère. C'est la personne qui possède ce capital, qui en a la responsabilité. On voit donc que la connaissance du risque devrait être au cœur du système. Comprendre le fonctionnement des maladies, connaître le risque, le mesurer, l'évaluer… Tout cela devrait faire partie de notre bagage et devrait être appris à l'école.

Dans une société où beaucoup de domaines ont été délégués aux organisations (on ne chasse plus pour se nourrir, on ne cultive plus ses légumes, on cuisine de moins en moins), les individus sont devenus dépendants. La maîtrise a diminué, la peur a augmenté, la tolérance au risque et l'acceptabilité du risque ont baissé fortement.

La pression de l'individu consommateur et citoyen va dans le sens d'une plus grande maîtrise du risque ou, du moins, d'une meilleure connaissance de celui-ci. La fréquentation impressionnante des sites Internet, la lecture des magazines santé, la teneur des articles et des dossiers santé, tout cela ne trompe pas. Il existe une forte appétence pour l'information santé et l'avènement d'une forme moderne d'auto-médication. L'arrivée du dossier médical partagé est un indice supplémentaire de cette évolution qui se dessine. Non plus une Sécurité sociale « bonne mère » mais opaque. Non plus un corps médical plus « sachant » que disant. Non plus un système qui vit de lui-même entre les acteurs techniques et économiques, mais un vrai système au centre duquel on trouve l'individu acteur de sa propre santé.

Il existe encore des marges de progrès. Entre les fabricants de produits alimentaires, les laboratoires pharmaceutiques, le corps médical, le système de Sécurité sociale… et la personne : favoriser une communication juste, égalitaire, objective, parler franchement de risques, donner de l'information utilisable, écouter le feed-back du consommateur client, tout cela constitue un véritable enjeu.

La souffrance inimaginable et le « nouveau corps »

Selon Jean-Claude Guillebaud[1], notre époque célèbre joyeusement la réconciliation avec le corps. « *Nous nous confondons volontiers avec notre corps. Ses contentements seront les nôtres, ses douleurs aussi* ». Notre société accorde une place prépondérante à la chair, aux muscles, à la silhouette, à la peau. Notre corps est central, c'est une vedette qui doit être traitée comme telle.

Notre corps a effectivement changé. Il est plus grand (quinze centimètres en un siècle), et deux fois plus résistant que celui de nos ancêtres. Nous n'acceptons plus qu'il puisse souffrir. Autrefois, la douleur était saine. Elle nous guidait. Auxiliaire du médecin, elle l'aidait à réaliser son diagnostic. Seul témoin du mal naissant, seul instrument de mesure du niveau de la maladie, la douleur était « un mal pour un bien ». De plus, la douleur avait une fonction d'initiation. Travailler, peiner, besogner, œuvrer étaient synonymes à la fois de l'effort et de l'apprentissage. Un caractère devait se former dans la douleur, sans parler de l'accouchement dont la douleur était un signe positif. En outre, ce caractère initiatique était doublé d'un volet rédempteur et libérateur. Sauvé par la douleur, l'homme était en quelque sorte un saint. Belle, parée de vertus, la douleur était valorisée et magnifiée. « Si tu ne veux pas tomber en proie à la douleur, marche à sa rencontre », proposait noblement Lanza Del Vasto. Elle fait donc partie de l'homme, elle est son lot, elle ne se discute pas. Elle permet de passer de l'état de maladie à l'état de bien-être. J'étais malade, je souffrais ; je suis bien portant, je ne souffre plus.

Mais aujourd'hui, nous n'acceptons plus de souffrir. L'accouchement est sous péridurale, il est garanti « sans douleur », terme utilisé comme un label, comme un certificat de modernité. La douleur est disjointe de la maladie. Elle a moins ce rôle d'indicateur, de marqueur. Tout au plus, la « réglette douleur » est utilisée pour étalonner le niveau du traitement. Mais les analgésiques, les anti-inflammatoires, les antalgiques, somnifères, narcotiques, sédatifs de tout poil sont passés par là. Leur consommation a explosé depuis les années quatre-vingt. La prescription médicale classique associe souvent le médicament qui soigne la cause à celui qui soigne l'effet douleur. Ainsi, elle a disparu de notre quotidien, à tel point que l'on n'associe plus douleur et maladie.

Paradoxalement, la douleur, chassée par la porte de la maladie négative, revient par la fenêtre de la santé positive ! Le lieu où est magnifiée

---

1. Jean-Claude Guillebaud, *Le Goût de l'avenir*, Éditions du Seuil, 2003.

la douleur aujourd'hui, c'est le gymnase. Il faut y souffrir pour être beau et en bonne santé ! C'est là que l'on doit souffrir pour perdre les kilos superflus et la graisse honnie. C'est dans ce temple que le nouveau corps se sculpte. Mince, élancé, beau comme une statue, l'objet corps a ici besoin des coups de marteau et de ciseau du sculpteur et donc de la souffrance qui les accompagne. Là, on accepte la transpiration, l'effort, le dépassement. La souffrance y est rentable. Autant la douleur de l'usine, du travail manuel et de la maladie nous paraît démodé et haïssable, autant la douleur du sport-santé nous paraît bienfaisante. Cette rédemption disparue, c'est là que nous allons la retrouver.

Quelles sont les conséquences de cette évolution ? La douleur subie doit ici être opposée à la souffrance choisie. La douleur subie est l'ennemie du marketing de l'entreprise. Elle ne peut être ni physique, ni morale. Le produit, le service doivent être débarrassés de toute cause de douleur potentielle, et le consommateur doit être sûr de ne pas encourir ces inconvénients évitables. Il doit en être libéré pour jouir du plaisir d'acheter et du plaisir de consommer.

En revanche, nous assistons, sans doute par compensation, à l'avènement de la souffrance choisie. Une fonction psychologique de rédemption et d'effort se réinvente peu à peu. Autant les douleurs culturellement inscrites dans notre histoire sont refusées, autant la « nouvelle souffrance », celle, par exemple, du marathonien, remplit la fonction de mettre les individus aux nouvelles normes de la forme santé. Le chiffre d'affaires du marché de l'effort, de la souffrance rentable ou de la souffrance-santé, celui par exemple des fabricants de vélos d'appartement et d'appareillage de musculation hypersophistiqué, est en train d'exploser. Mais comment la situation va-t-elle évoluer à plus long terme ? Va-t-on voir se renforcer cette tendance masochiste ? Va-t-on au contraire faire aussi disparaître la souffrance choisie comme naguère la douleur subie ?

Le cocooning santé

Faith Popcorn, futurologue américaine, pronostiquait pour les années 1990 un formidable retour et repli sur soi. Caractérisé par une peur d'autrui, par une angoisse de sortir, d'affronter le monde extérieur, le stress du travail, les embûches de la vie quotidienne, les dangers des épidémies, les risques générés par les produits alimentaires, bactéries, virus et microbes, ce cocooning allait profondément modifier nos vies et nos comportements. De fait, les choses ont évolué dans ce sens. Le cocon porte aujourd'hui bien son nom. On s'y replie, on y passe plus de temps, on investit davantage les lieux, on soigne son confort. On tente de s'y protéger par toute une série de services, de produits de sécurité et de protection. De fait, concernant la santé, ce comportement du « *stay home* » modifie les perspectives. On a l'impression de courir moins de risques, de mieux contrôler ce que l'on mange, sa façon de vivre, d'être à l'abri des agressions potentielles qui menacent sa santé.

Si l'on regarde les comportements alimentaires, les faits donnent raison à Faith Popcorn. Consommation à domicile, achat par correspondance, plats préparés que l'on sort au dernier moment du réfrigérateur pour les passer au micro-ondes, livraison de la pizza, « *take away* », plateau TV, snacks, repas éclatés où le réfrigérateur devient le centre d'approvisionnement dans lequel chaque membre de la famille vient successivement se servir… On est loin de la séquence marché-provisions-cuisine-repas familial élargi.

De même, les produits de confort se sont développés. Baignoires à jets multiples et massants, téléviseurs « home cinéma », matelas sophistiqués, fauteuils réglables, couettes douillettes, oreillers de plume… Survêtements, sous-vêtements lâches, extensibles… Sans omettre les serrures à cinq points, portes blindées et alarmes, les produits purifiants, désinfectants, javellisants, nettoyants et assainissants.

Protection, enfermement, confort absolu, repli, position fœtale, serait-ce la préparation à notre mort ? Il est vrai que cette accumulation fait terriblement penser à ces tombes égyptiennes où le défunt devait tout trouver à proximité, pour lui éviter de se déplacer et de courir d'autres risques…

Cette conduite d'hyperprotection et de repli sur soi véhicule une conception de la santé particulière. Notre corps serait sain, mais celui des autres malsain. Notre chez soi sûr, mais l'extérieur dangereux. Il faut donc maintenir, préserver, contenir, monter des barrières, des défenses. Certaines stars du show business ne se déplacent jamais sans leur tapis de douche personnel. D'autres mettent des gants en permanence. Mais l'on voit bien les limites d'une telle approche. La mort, la stérilisation, la non-contamination sont-elles des perspectives enthousiasmantes pour l'homme ? Ne nous mènent-elles pas vers des impasses en terme de comportement santé ?

Refus de la mort et recherche du bien-être

« *Ce n'est pas que j'ai peur de mourir*, nous dit Woody Allen, *mais j'aimerais autant ne pas être là quand ça arrivera* ».

Ce que les Occidentaux ont découvert récemment, c'est qu'il est en leur pouvoir de prolonger leur présence sur cette Terre. Si l'espérance de vie a fait des bonds en avant prodigieux depuis 1945, ce qui est à noter c'est la nouveauté extrême de ce concept. Presque inconnues il y a 50 ans, ces statistiques annuelles sont aujourd'hui expliquées et commentées comme un nouveau cours de Bourse. En 2006, 1 038 publications scientifiques parlaient d'espérance de vie et plus de 300 articles grand public. Chacun connaît son nombre magique et va tout faire pour donner raison aux statistiques, voire les faire mentir.

Les laboratoires pharmaceutiques ont permis des progrès notables dans le sens de la longévité. D'autres acteurs économiques conçoivent et lancent les produits qui nous promettent l'éternelle jeunesse et nous disent qu'en utilisant leurs produits, et en respectant leurs rites, non seulement nous serons beaux plus longtemps, mais encore que nos vies seront presque éternelles. L'idée de la mort n'est plus d'actualité. Les entreprises « anti-âge » qui réussissent le mieux sont justement celles qui comprennent que, au-delà du soin, c'est le rite conjuratoire qui compte. D'où le succès du coaching et de l'accompagnement santé, des régimes alimentaires calibrés et sur mesure, des activités sportives « cardio », des médecines parallèles qui apportent un nouveau sens et ont le pouvoir d'aborder de nouveaux rites prometteurs, les massages rappelant au corps qu'il est bien vivant...

Nous voulons être acteurs et participer à l'extension du déroulement de nos vies. Certains lieux comme la plage constituent de nouveaux temples dédiés à la prolongation de la vie. Le corps doit être sanctifié, oint, la divinité soleil doit être priée constamment. Ces lieux chargés de sens constituent une parenthèse et nous rappellent que nous pouvons agir contre la mort.

Autrefois, la médecine consistait à soigner le malade et à empêcher sa mort. Le critère du succès : « Il est sauvé ». Ou bien : « On n'a pas pu sauver la mère, mais le bébé est vivant ! » Aujourd'hui, on ne s'arrête plus à un objectif aussi primaire. La médecine va plus loin, elle va devoir prolonger la vie coûte que coûte, malgré le grand âge, malgré tous les obstacles. Les médicaments, auxiliaires de rite conjuratoire, vont apporter le remède à chacun de nos organes, y compris notre cœur qui est au centre du sujet. Il doit battre jusqu'au bout, le plus longtemps possible. Et si un jour il nous faut mourir, cela sera en bonne santé !

Nous voilà donc dans une activité de tous les instants où l'angoisse de la mort est totalement canalisée, à tel point que nous apprenons aussi à effacer nos morts. On n'a plus de temps à perdre. Le deuil a changé de sens. Le noir est porté rapidement et effacé aussitôt. Les mourants ne sont plus dans les hôpitaux, mais dans des services que l'on appelle curieusement « les soins palliatifs ». Palliatifs à quoi ? Le souffrant y prend conscience, enfin, que son heure est venue. Épicure nous écrit : « *Il n'y a rien à craindre de la mort* ». À condition de vivre en toute tranquillité sans évacuer cette finitude. La philosophie peut nous aider à envisager notre mort. Elle nous rappelle tous les jours que la vie n'est pas éternelle, et peut-être tant mieux !

Pression du bien-être et désir de santé

Si un sémiologue faisait parler les annonces publicitaires et les films publicitaires, il pourrait tenter de définir le bien-être. Le bien-être, c'est posséder une maison, un canapé-lit, un chien, deux enfants blonds et un téléphone portable. Mais si l'on posait cette question aux divers habitants de notre planète, les réponses seraient probablement très variées. Pour les uns, la priorité c'est avoir de quoi se nourrir et se loger. Pour d'autres, avoir accès à l'éducation et à la culture et accéder à un certain confort. Être bien dans sa peau, dans son corps, dans sa relation aux autres, dans sa relation familiale et professionnelle, pourrait constituer une troisième famille de réponses. La liste pourrait s'allonger à l'infini tellement le sujet est complexe dans ce XXIe siècle foisonnant et multiforme.

La pression du bien-être est importante aujourd'hui. Séance Reiki de dissolution des blocages énergétiques, balnéothérapie, massage hédoniste, massage sensitif, massage californien ou tout simplement « enveloppement cocooning du corps », voici ce que propose l'un des nombreux instituts qui nous offrent la promesse d'un bien-être absolu. En effet, de nombreux professionnels d'horizons variés ont cherché à normaliser le bien-être au point d'en faire une norme collective, un produit de consommation... Ces *professionnels du bien-être*, comme ils se nomment eux-mêmes, nous le garantissent, si nous acceptons de faire, de dire, d'acheter, de manger, de pratiquer, de méditer, selon un ordre préétabli. Les médias prennent le relais et diffusent à leur tour les mêmes messages, les mêmes consignes, les mêmes recettes.

Pour ceux qui sont focalisés sur leur corps, la phase ultime du bien-être est la synthèse entre le corps du dedans et le corps du dehors, le corps intérieur et le corps extérieur. Le corps du dehors est un corps image, un corps social, un corps tout entier tourné vers la beauté et la séduction. Mais cette image du corps ne peut plus véhiculer que des signes de paraître. On y cherche aussi des signes de santé et de bien-être. Le bronzage, la vie au grand air, les joues rouges, le teint frais, le temps libre, la respiration des pores de la peau, le plaisir, le bonheur. On veut y trouver enfin des signes de santé intérieure. La sérénité, le calme, le caractère, la personnalité, l'individualité, l'affirmation de sa différence figurent aussi parmi les critères qui doivent être visibles. Ce qui est beau à l'intérieur doit se voir à l'extérieur !

Cette distinction entre vrai bien-être et faux bien-être imposé par les modes est importante à plus d'un titre. Car la quête d'un bien-être stéréotypé est porteuse d'échec. À croire les magazines féminins, une femme peut être à la fois riche, bien portante, mince, joyeuse, femme d'affaires, séductrice et mère au foyer !

Notre bien-être, nous devons le trouver par un travail sur nous-mêmes, par un choix sélectif parmi les produits de consommation qui nous sont proposés, et en combinant le physique, le moral et le mental. Notre bien-être global est à différencier du bien-être normalisé par le monde de la consommation, où la philosophie de la vie est remplacée par la mode et les médias. Les entreprises, les professionnels de santé, par une approche segmentée, plurielle, multifacettes ont un travail de sensibilisation à effectuer, afin de permettre à chacun de trouver sa propre appropriation. Le désir de santé de chacun passe par cette recherche individuelle.

Partie 3

L'entreprise face
au désir de santé

Le phénomène du « désir de santé » concerne tout le monde et toutes les sphères. L'individu tout d'abord, mais aussi la famille, les enfants, le couple, les salariés, les dirigeants, la relation à la communication des marques, la façon de consommer, les entreprises, l'État, le monde public, les points de vente. Il génère des bouleversements déjà largement entamés. Un regard différent sur soi, sur son corps, sur son image, sur sa vie, sur ses objectifs, une modification des choix de vie et des critères de consommation. Une prise de conscience progressive des interactions multiples : soleil, polluants, alimentation, stress, activités, et donc un changement des paramètres. Un abandon progressif de certains produits et corollairement une vogue pour d'autres produits. Un abandon de certaines pratiques et la naissance de nouveaux comportements. Une méfiance ou défiance envers certaines marques et donc une nouvelle hiérarchie des marques.

Un fabricant de chaussures sera impacté par le phénomène : respiration du pied, confort, importance de la marche considérée comme une activité physique et non plus comme un déplacement, rôle du pied dans les médecines traditionnelles... Un vendeur de meubles, au travers de l'idée d'une maison qui protège la famille. Une équipe de chercheurs du prestigieux Massachusetts Institute of Technology (MIT), aux États-Unis, a mis au point une peinture antimicrobienne qui détruit les bactéries, les parasites et même le virus de la grippe. Un constructeur automobile qui produira davantage des « cocons » et de moins en moins d'engins menaçant l'intégrité et la sécurité de la personne...

On pourrait penser qu'un distributeur d'électroménager n'est pas concerné par le thème de la santé. Cela n'est plus vrai. Il doit s'intéresser à la santé de ses clients, et mener des études approfondies dans ce domaine. Il peut ainsi diagnostiquer que la santé fait désormais partie des critères de choix de ses clients. Faible degré allergique, sécurité d'utilisation, non toxicité doivent être vérifiés régulièrement. Ainsi, une telle entreprise considère qu'elle se doit de jouer un rôle moteur, à la fois en distribuant des produits porteurs de santé, mais aussi en informant le consommateur, en le faisant progresser, par exemple sur la gestion de l'air. Le client pense « qualité de vie ». Il pense donc santé, confort, bien-être.

Ananas, araignée, crabe, soja, maïs, etc., sont de plus en plus utilisés pour réaliser les fibres de nos vêtements. Il existe un engouement certain pour ces fibres textiles naturelles, qu'elles soient d'origine animale ou végétale. Non polluantes, elles possèdent en outre de nombreux avantages : pouvoir absorbant souvent plus élevé que les produits artificiels, facilitant la respiration de la peau, caractère anti-microbien, anti-inflammatoire, ou hydratant. Ces fibres vont faire partie de plus en plus de notre quotidien. Arrivées par le monde du sportswear, lui-même intéressé au premier chef par leurs qualités bactériostatiques et thermorégulatrices, leur pouvoir d'évaporation de l'humidité, elles gagnent peu à peu les autres univers de l'habillement. Nos vêtements de demain ne se contenteront plus d'être à la mode, ils seront santé, confort, bien-être, plaisir, qualité de vie.

Jadis focalisé sur son poids comme unique mesure explicative, le consommateur a aujourd'hui tendance à lui substituer le concept de *forme*. Plus intéressant, plus riche, intégrant la masse mais aussi la silhouette, le concept de forme pâtit malgré tout d'une absence de taille : un système de mesure et d'auto-évaluation permettant à la personne de se gérer elle-même. L'indice de masse corporelle (IMC) va fournir une première réponse scientifique, tout d'abord diffusée par les médecins et les centres de remise en forme. Puis, certains fabricants ont l'idée d'adapter le matériel professionnel disponible au grand public. Ils testent puis lancent des appareils qui vont bientôt rendre obsolètes les antiques pèse-personnes. Informant sur la masse grasse, la masse hydrique, la masse osseuse, l'appareil fournit une foule d'informations qui permettent d'orienter un régime, ou un programme d'activité physique. En outre, la réponse sera différenciée s'il s'agit d'un homme, d'une femme ou d'un enfant pour lesquels l'IMC n'a pas la même valeur. Résultat, en Allemagne, ce nouveau produit est en voie de cannibaliser complètement la balance traditionnelle et fait une percée rapide en France, répondant ainsi à une autre forme du désir de santé.

On le constate au travers de ces quelques cas, ce phénomène concerne donc tous les secteurs économiques, non seulement les acteurs de la santé au sens strict, l'industrie pharmaceutique, l'agroalimentaire, les médias, la distribution, l'hygiène et la beauté… mais encore la maison, l'environnement du travail, les transports, l'énergie, le textile, et tous les secteurs socio-économiques, y compris les villes, les collectivités, les régions, les États. Cette explosion du désir de santé trouve son illustration la plus frappante dans les résultats du baromètre santé mené par Protéines et BVA.

Cette étude, menée auprès d'un échantillon représentatif de Français et de leaders d'opinion, montre que la santé est vécue comme une priorité par la majorité des Français. En effet, les résultats de ce premier baromètre confirment la tendance que l'on observe chez les Français à désormais positionner la santé en tête de leurs sujets de préoccupation. Ainsi, la quasi-totalité des interviewés, soit 91 %, considère que la santé est primordiale au quotidien et qu'elle influence les comportements dans la vie de tous les jours. De même, pour 91 % d'entre eux, la notion de santé est vécue comme étant surtout liée à une « bonne hygiène de vie ».

Les Français plébiscitent la montée en puissance des entreprises en matière de santé. Si 82 % d'entre eux estiment que l'État devrait « faire encore plus » en matière de santé, une nette majorité, soit 70 %, pense que les entreprises joueront à l'avenir un rôle très important.

Pour plus de 63 % des gens et près de 70 % des leaders d'opinion, s'occuper de la santé, pour une entreprise, est lié aussi à la préoccupation environnementale : « *veiller à rendre l'environnement plus sain ou au moins à ne pas le polluer* ».

Viennent ensuite à égalité les affirmations suivantes : « *Aider ses salariés à avoir une meilleure hygiène de vie* » (37 % en moyenne et 47 % chez les jeunes), « *subventionner la recherche ou les campagnes de santé publique* » (35 % et 55 % chez les politiques), « *proposer des produits plus sûrs* » (33 % et 60 % chez les journalistes).

Les implications d'une « bonne » image santé sont importantes et l'ensemble de ces perceptions n'est pas neutre pour l'entreprise. Une bonne image santé, c'est-à-dire sa capacité effective à prendre en compte la santé des clients et salariés, incite les répondants à :

– en avoir une meilleure image globale (81 %) ;
– être davantage tenté d'en consommer les produits et services (73 %) ;
– souhaiter y travailler un jour (43 %) ;
– souscrire un jour à des actions de ces entreprises (40 %).

Chapitre 1

Désir de santé et nouvelles missions de l'entreprise

Le désir de santé : une aspiration joyeuse

Si toutes les entreprises sont concernées, elles ne le sont pas toutes de la même façon, ni au même niveau. Un distributeur de produits pétroliers, commercialisant un produit polluant et inflammable, la plupart du temps en libre-service, se préoccupe évidemment de la santé de ses clients et de ses employés. De même, une entreprise de travaux publics, un transporteur aérien, un distributeur, ou un fabricant de produits de beauté. On peut imaginer que certains secteurs, comme la banque, y soient moins sensibles. Quoique ! Car c'est surtout ce que le consommateur met dans la relation qui est important. Si ce dernier considère que l'entreprise doit jouer un rôle dans son éducation, sa prévention, son information, sa protection, alors l'entreprise en question doit mettre la santé au cœur de son projet. La question n'est donc pas : *Dois-je intégrer le critère santé ?* Mais bien : *comment l'intégrer !* Et comment l'intégrer *positivement ?*

Faire des régimes, prendre des médicaments, se faire opérer, faire attention à son poids, se contraindre, renoncer aux plaisirs… La santé a été longtemps et souvent associée au déplaisir. Le discours de la santé fut en outre souvent injonctif, imprégné d'une culture de souffrance, d'effort ou de privation. À l'inverse, dans notre inconscient, se laisser aller au plaisir pouvait conduire à des résultats négatifs pour notre santé. Aujourd'hui, notre époque découvre que les choses sont plus complexes. Le déplaisir n'est nullement synonyme de bonne santé, et la santé peut parfaitement s'associer à la joie. Comment ? Dans quelles conditions ? C'est ce que nous allons tenter d'examiner autour de l'idée de santé joyeuse.

Le premier exemple de « santé joyeuse » nous est donné par la personne qui dépasse les obstacles de sa propre vie. Devant se former, se construire, elle bâtit ses propres défenses, et accède à une sorte d'état de grâce : la personne sort victorieuse d'une thérapie ou d'une maladie.

Le second exemple est donné par celui qui, confronté aux nombreuses contradictions et nombreuses sollicitations de la vie moderne, arrive à faire ses propre choix. Devant comprendre, trier, faire son propre chemin, il est heureux d'arriver au bout. Ce n'est pas un état de grâce mais un état de bien-vivre. C'est l'exemple de l'ex-fumeur, parfaitement sevré et heureux de l'être.

Dans un tel climat et face à de telles perspectives, le rôle des entreprises consiste à essayer de nous rendre la vie plus facile, la voie plus aisée vers le plaisir et la santé. « Votre bien-être » devrait être leur leitmotiv.

À la santé joyeuse du consommateur correspond une santé gagnante pour l'entreprise. Celle qui sait associer sa marque au « *care* », prendre soin de son client, lui rendre service, lui rendre effectivement la vie plus belle, celle-là gagnera. Elle gagnera en estime réelle, en affection, en proximité, en confiance. Ces termes utilisés en général pour décrire les rapports entre individus peuvent être utilisés ici pour décrire la relation avec cette personne morale qu'est l'entreprise. Ici, pas trop de marketing, de faux-semblants, d'apparence, de discours creux. Le consommateur saura décoder l'artifice. Nous verrons plus loin qu'un véritable projet santé, qui génère de vrais actes santé, produit plus que de la réputation : il produit de la légitimité.

L'avis de l'expert : Marco Capurso, président de Ferrero France

Comment voyez-vous l'évolution du concept de santé, et l'intégration progressive de la notion de plaisir ?

On entend beaucoup de généralités et d'approximations sur ce sujet. Pour bien comprendre cette évolution, il est nécessaire de mettre en perspective l'évolution des comportements et des représentations dans l'alimentation. Il y a à peine trois générations, l'idée dominante était qu'il fallait manger beaucoup pour être en bonne santé. Cette représentation quantitative est devenue réalité dans les années soixante, celles de l'abondance alimentaire. C'est à ce moment que s'est développée la valorisation de la variété et du plaisir alimentaire. Le qualitatif prenait doucement le pas sur le quantitatif.

.../...

…/…

Puis, depuis peu on assiste à une certaine « médicalisation » de l'alimentation. On est donc passé rapidement à des modèles radicalement différents. Le problème est que la rapidité de ces changements n'a pas permis une éducation adéquate du consommateur. Aujourd'hui, si le concept de santé s'est notablement élargi, c'est qu'il rejoint la notion de bien-être, à la fois apport énergétique et recherche de plaisir.

Cette évolution touche-t-elle votre univers de produits ?

Pas directement. Nos produits ne seront jamais de purs produits santé. Ils restent essentiellement des produits de plaisir. Or, pour réaliser une performance gustative optimale, il faut des corps gras et du sucre, composants qui, ces dernières années, ont été injustement diabolisés. Aujourd'hui, on est revenu à un jugement plus raisonnable. Néanmoins, tenant compte de la nature de nos produits et de la qualité de nos consommateurs, nous avons adopté depuis très longtemps une politique de petites portions. Quand vous ouvrez notre tablette de chocolat, vous y découvrez un deuxième emballage avec des mini-tablettes correspondant à la ration optimale. Dans le même esprit, notre barre chocolatée se compose en réalité de deux mini-barres. Il est souhaitable que les conditions de consommation du produit soient en phase avec la nature même du produit. Donc, pas de *king size* chez Ferrero !

Quelles recherches menez-vous dans ce domaine ?

En tant qu'industriel leader sur le marché, notre rôle central n'est évidemment pas de se focaliser sur la recherche fondamentale. Mais, au-delà de cette mission économique, nous avons une mission citoyenne que nous prenons très au sérieux. En toute modestie, nous voulons contribuer à faire mieux connaître et mieux comprendre le rôle du plaisir dans les mécanismes de l'alimentation. Paradoxalement, ces mécanismes ne sont pas suffisamment explorés. Bientôt, nous ferons connaître largement les résultats de ces travaux. C'est dans ce même esprit que nous participons activement à certaines initiatives collectives et citoyennes : améliorer globalement l'information et l'éducation des consommateurs par un effort de toute la profession et des pouvoirs publics.

Quelles règles vous donnez-vous ?

Nous avons une position éthique ancienne et profonde, correspondant au fait que nous fabriquons des produits pour les enfants. Sur la consommation, nous avons pris l'engagement de ne pas faire de publicité télévisée pour nos produits lorsque l'enfant est seul devant l'écran, car le jeune enfant ne sait pas faire la distinction entre rédactionnel et publicité. Sur la composition nutritionnelle de nos produits, nous allons baisser la proportion de sucre de 1 000 tonnes en quatre ans.

…/…

.../...

Nous prenons des engagements concrets et chiffrés vis-à-vis de la collectivité. Conscients des problèmes liés à l'obésité qui touchent notre société, nous nous engageons clairement aux côtés des pouvoirs publics dans le cadre du Programme National Nutrition Santé (PNNS) et des programmes d'éducation de la population comme EPODE. Nous participons à l'effort pour faire prendre conscience de la gravité du phénomène et pour que l'ensemble des industriels de l'agroalimentaire se mobilisent. Nous souhaitons apporter notre pierre à l'édifice.

Une nouvelle variable du management

Au début des années 1990, les états-majors de l'agroalimentaire ont commencé à comprendre l'importance de la variable santé dans la stratégie. Dès lors, cette tendance s'est élargie progressivement aux autres entreprises, d'une part en intégrant le fait que la composante santé des produits peut générer soit la différenciation et le succès, soit la crise et l'échec, et d'autre part en comprenant l'intérêt porté à la santé des collaborateurs.

À l'interne, la préoccupation santé naît d'une pression multiforme. La médecine du travail va jouer son rôle d'alerte et sensibiliser la DRH dans le cas où le personnel est en difficulté. Le comité d'hygiène et de sécurité, dont l'importance s'affirme, va faire passer des messages. Les thèmes récurrents : stress, sécurité du poste de travail, accidents du travail, risques, alcoolisme, drogue, harcèlement, prévention... Le salarié fait aussi entendre sa voix : temps de travail, ergonomie, ambiance, etc., sont des thèmes qui remontent de plus en plus fréquemment à la DRH.

Par ailleurs, de nouvelles techniques arrivent. Vêtements de protection, ergonomie des sièges, vue, audition etc., apportent des solutions nouvelles et concourent à élever le niveau d'attentes. Puis la réglementation s'en mêle. La loi Evin (L. 3511 du 10 janvier 1991), les campagnes anti-tabac, les campagnes internes de prévention face aux risques de santé (grippe aviaire), l'obligation de formaliser ses actions et ses engagements en matière de responsabilité sociale, tout cela crée un environnement propice au développement du souci de santé. Enfin, les examens médicaux dont bénéficient les cadres dirigeants qui lient, de façon claire, santé et performance, montrent à toute l'entreprise que le travail a une influence sur la santé et que, réciproquement, la santé a une influence sur le travail.

Les entreprises les plus sensibles à ce thème sont celles qui sont passées par la case rapport environnement/responsabilité sociale. Celles dont le personnel doit être qualifié et fidélisé. Celles qui doivent ou préfèrent optimiser les performances des équipes en place. Celles pour qui l'absentéisme est une calamité. Celles qui ont été impactées par une crise sanitaire ou une crise produit. On voit donc que cela inclut beaucoup de secteurs !

> Intégrer durablement le paramètre santé dans l'entreprise, c'est utiliser la technique de la conduite du changement. Définition d'objectifs, stratégie, organisation, moyens... Il faudra informer, sensibiliser, susciter du feedback, modifier les comportements, donner une vision, changer le cadre, mesurer les progrès, encourager, donner des signes...

Les réponses santé varient bien évidemment d'une entreprise à l'autre. On pourra mettre en œuvre des programmes de formation, de prévention, de sensibilisation et de coaching du personnel, des programmes anti-tabac, des programmes anti-stress, des programmes « ambassadeurs » où le personnel, conduit à devenir l'ambassadeur santé de son entreprise, en vient à opérer un véritable changement dans son comportement... Nestlé, Kraft, Casino, Le Crédit Agricole, Peugeot, mènent des actions dans ce sens. Le but est de pouvoir constater des résultats tangibles sur les objectifs recherchés (absentéisme, accidents du travail...), mais aussi de toucher à quelque chose d'impalpable, qui explique pourtant la bonne santé de l'entreprise, à ce que l'on pourrait appeler « le sentiment de santé ». « *Dans ma boîte, ils font tout pour que je sois en bonne santé, cela change la vie !* »

Ce qui rassemble ces différentes opérations, c'est bien la mise en place collaborative d'un programme, durable, volontariste, mêlant action et communication, intégrant un système de mesure objectif, et surtout sur mesure, car si toutes les entreprises sont différentes, les stratégies santé, touchant l'intégrité et la singularité humaines, se doivent d'être totalement personnalisées.

L'avis de l'expert : Jean-Paul Laplace, président de l'Institut Français de la Nutrition (IFN)

Comment est né le désir de santé ?

Ce désir de santé, bien réel et tangible aujourd'hui, est né de la vulgarisation de la recherche, du développement des médias consacrés à la santé et à la forme, du scientisme ambiant, omniprésent dans notre société.

.../...

.../...

L'attente de santé est de plus en plus forte chez chacun d'entre nous, la santé devient une préoccupation de tous les instants, et sans doute l'inquiétude croît-elle, elle aussi. À la posture fataliste, où l'on pensait que les maux allaient se résorber d'eux-mêmes, succède aujourd'hui un pessimisme angoissé. Bien sûr, tout le monde ne réagit pas de la même façon et même, il y a une large palette d'attitudes.

Comment se manifestent ces attentes ?

De fait, le risque perçu est supérieur au risque réel. Nous avons contribué à fabriquer cette attente nutritionnelle qui se substitue progressivement à l'éducation familiale culinaire aujourd'hui en partie disparue. Ce rôle important qu'avait la famille laisse la place à des données scientifiques pas toujours bien comprises ni bien assimilées. Il y a aujourd'hui une forte demande d'explication et de compréhension de la nutrition. Jadis, l'organisme savait faire cela tout seul, et parvenait à une alimentation équilibrée.

Quel est le rôle des entreprises face à cette évolution ?

L'industrie agroalimentaire peut faire beaucoup, pour plusieurs raisons. Elle possède l'information, maîtrise la recherche, sait améliorer la qualité des produits. Elle dispose en outre d'un savoir-faire marketing important, et de bases de données remarquables sur les acheteurs-consommateurs. Elle a les moyens d'agir sur tous ces plans.

Comment tout cela va-t-il évoluer ?

Nous sommes allés loin dans le désir de répondre aux attentes nutritionnelles, alors nous allons sans doute assister à un phénomène de balancier. Bien sûr, on a besoin de s'alimenter sainement, mais sans que cela aille jusqu'à s'interroger en permanence sur l'équilibre instantané de sa consommation. Il faudra revenir davantage à l'écoute de son corps. Au final, dans la plupart des cas, le corps mange en fonction de ses besoins.

Comment réagir, selon vous, face à ces évolutions ?

Le premier axe est de revenir à l'alimentation, c'est-à-dire intégrer à la nutrition l'éducation alimentaire, culinaire, la dégustation, le plaisir. Il faut en parallèle lutter contre l'angoisse, car si les risques existent, ils sont dominés. Il faut enfin faire redécouvrir le plaisir et le rôle central qu'il doit jouer dans notre équilibre de vie. Une autre réflexion concerne notre mode de pensée unique. Quand toutes les carrosseries de voiture sont testées en soufflerie, elles finissent par toutes se ressembler. Pour l'alimentation c'est pareil. Le dogme est omniprésent. On supprime le sel, le sucre, le gras, on fait des chartes, des engagements... Bientôt on n'aura plus que des aliments à 0 % ! Il faut d'urgence, après cette période d'intégration de la nutrition dans notre quotidien, retravailler sur le concept d'alimentation, seul concept vraiment fédérateur et pertinent.

sont les attentes de la société vis-à-vis de mon entreprise, de mes produits, de mes marques ?

Quand *Que Choisir* s'est mis un jour à interroger Lampe Berger à propos des essences utilisées dans les brûle-parfums et leurs effets potentiellement négatifs, l'entreprise ne s'était pas préparée à ces interrogations. Pourtant, cette vision-santé de l'entreprise peut avoir un versant négatif (remplacer d'urgence des produits nocifs) ou positif (devenir rapidement un allié santé pour le consommateur). Dans ce cas précis, l'entreprise s'est interrogée largement. Quel impact actuel sur les riverains, sur mon personnel, sur mes clients ? Quel impact aurait une modification profonde de mes processus de production ? D'un seul coup, cette entreprise est passée d'une vision parcellaire (ne pas nuire) à une vision globale sur la santé (faire du bien).

Car les entreprises font souvent plus qu'elles ne pensent elles-mêmes : choix des composants dans leurs produits, soin apporté au processus de fabrication, protection du personnel... Néanmoins, leur approche est souvent restrictive, limitative, parcellaire, démontrant ainsi qu'elles n'ont pas une juste perception des attentes des consommateurs, de la pression sociétale sur ce thème et des opportunités réelles que ce type de positionnement offre.

Je suis constructeur automobile : ai-je assez réfléchi sur la position de mon pot d'échappement et à son effet sur les enfants ? Sur la qualité de mon filtre à pollen ? Le nombre d'enfants circulant à 30 cm du sol dans les villes, la sensibilité et le nombre d'allergiques, la réceptivité potentielle d'efforts manifestes dans ces domaines devraient logiquement pousser ce constructeur à faire plancher rapidement ses services R&D ! En tournant cette réflexion en positif, et en considérant l'importance que revêt aujourd'hui la lutte contre les UV, peut-être que je peux imaginer un pare-brise qui protège les yeux et la peau ?

L'enjeu est tel, en ce début de XXIᵉ siècle, que la plupart des entreprises doivent se poser les questions de l'impact actuel et de l'impact potentiel de leur entreprise sur la santé.

La question de l'impact santé butte sur la nécessité de l'évaluation. De même que nombre d'entreprises sont habituées à faire un éco-bilan, elles doivent adopter une méthodologie spécifique pour bâtir une stratégie santé, en mesurer les effets, et tenir sur la durée.

Quels seraient les objectifs de cet instrument, de ce « bilan-santé » ?

- Évaluer l'impact santé actuel et potentiel de l'activité sur les différentes cibles : interne, consommateurs, fournisseurs, riverains, société civile... ;

- Établir le profil santé des produits, des services et de la communication ;
- Détecter les pépites, c'est-à-dire les actions santé déjà entreprises quelquefois inconsciemment, et souvent mal valorisées.

Au final, on pourra redresser le tir, en se donnant comme double objectif le progrès et la visibilité de ce progrès.

Ce travail, réalisé grâce à un « œil santé » exercé, permet aux différents services de l'entreprise de faire un constat objectif et commun. Il s'agit ensuite de lister tout ce que l'entreprise fait déjà pour la santé. Nombre d'entre elles sont d'ailleurs surprises lorsqu'on arrive aux résultats. Elles font la plupart du temps davantage que ce qu'elles imaginaient. Ces premiers pas franchis, il s'agit de s'interroger sur l'action. Que faudrait-il réaliser pour faire mieux, pour aller plus loin ?

Cette idée n'est pas nouvelle, car elle a été mise en œuvre par exemple sur des produits alimentaires de base, comme les produits laitiers, jadis positionnés comme nutritifs, et repositionnés comme des alliés santé. Mais elle est incroyablement fructueuse. L'entreprise se redécouvre elle-même. Elle constate, analyse, compare, ajoute, additionne, et se trouve naturellement une nouvelle vocation de santé.

Le baromètre santé BVA/Protéines[1] montre l'impact d'une telle attitude santé pour l'image des entreprises auprès des consommateurs comme des leaders d'opinion. Une bonne note sur le critère de la santé est prédictif d'une bonne note sur l'image globale.

Un potentiel sous-exploité

Notre société, dans son exigence croissante de santé, fait pression sur les entreprises à un moment donné. Cette pression est subtile, souvent non-dite. Mais elle arrive précisément au moment où les mœurs, l'air du temps, les préoccupations de l'instant se concentrent sur ce point particulier. Face à cette montée subite de la pression, l'entreprise doit répondre rapidement et de façon pertinente.

---

1. Premier baromètre Santé BVA/Protéines, décembre 2006, en partenariat avec *La Tribune* et BFM.

La SNCF et les voitures fumeurs

Le cas SNCF peut apparaître comme un décalage dans le temps. Les faits : confrontée à la grogne des voyageurs non-fumeurs, et à la désaffection croissante des voitures fumeurs, la SNCF décide, malgré la réticence des quelques voyageurs fumeurs (il en reste !), de supprimer lesdites voitures fumeurs. La présentation de cette mesure est factuelle. L'entreprise explique qu'elle perd de l'argent et que donc le maintien de la voiture fumeurs ne se justifie plus.

Si cette nécessité économique s'était présentée deux ou trois années plus tard, la réponse de la SNCF eût pu être différente. La SNCF travaille en effet régulièrement sur le confort, le bien-être, la santé de ses voyageurs. Mais tous ses travaux, toutes ses recherches, toutes ses améliorations sont éparses, et non regroupées sous un concept fédérateur. Piochant dans ces différents gisements, la réponse adéquate aurait consisté à prendre la tête d'une croisade pour la santé du voyageur, associer un travail sur l'ergonomie des sièges, l'air ambiant, la filtration, le traitement anti-allergique des revêtements, le caractère anti-phlébite et anti-stress du voyage en train... Les bénéfices eussent été importants. En terme de communication interne, de santé publique, vis-à-vis de la tutelle, des collectivités locales partenaires, des non-fumeurs, des fumeurs occasionnels à qui des programmes eussent pu être proposés... Et bien sûr en termes d'image pour l'entreprise publique. Montrer que l'on prend soin de la santé de ses clients est un vrai argument. Beaucoup d'entreprises sont dans ce cas. Elles travaillent effectivement pour la santé globale de leurs clients, mais ne formalisent pas leurs domaines de progrès sous une bannière globale, celle de l'amélioration de la santé.

En piochant dans son arsenal de mesures, de recherches, d'offres complémentaires et d'expérimentations, l'entreprise pourrait sans doute jeter les bases d'une nouvelle attitude, répondant à cette nouvelle attente chez le consommateur.

Chapitre 2

Le cercle vertueux
responsabilité-opportunité

Les nouvelles obligations induites par la poussée extrêmement rapide du désir de santé génèrent une réflexion sur la nouvelle responsabilité de l'entreprise, elle-même générant de nouvelles opportunités qui obligent l'entreprise à opérer des changements. Ces deux dynamiques, loin de s'affronter, se complètent et s'additionnent pour former un cercle vertueux auto-enrichissant. Plus de santé, plus d'offres santé, donc plus d'exigences et de preuves santé. Au final, un bénéfice pour le consommateur et un succès pour l'entreprise. Ce cercle vertueux est celui du changement, celui du progrès. Il nécessite de répondre à trois défis. Quelle est ma vision de l'entreprise et de ma stratégie, et comment la santé s'intègre-t-elle dans cette vision ? Comment faire adhérer mes publics internes et externes à cette vision ? Comment faire évoluer mon management, voire mon organisation, pour tenir compte de cette nouvelle donne ?

Le fait de s'engager sur la voie de la santé/bien-être conduit les entreprises concernées à œuvrer durablement pour un progrès partagé. La démarche qualité/sécurité/environnement de Danone en fournit une belle illustration. Il s'agit d'un partenariat à long terme (transmis quelquefois au travers de plusieurs générations). De son côté, Danone s'engage à collecter son lait directement auprès de 5 000 fermes sélectionnées. De l'autre, l'exploitant agricole s'engage à améliorer sa production, la qualité de son produit, et sa traçabilité. Ce programme QSE est fondé sur le respect de nombreux critères. Politique qualité de prévention, amélioration de l'hygiène, gestion d'éventuels problèmes sanitaires, santé des animaux contrôlée, respect de l'environnement, recyclage des déchets... Tout le monde bénéficie de ce partenariat : le producteur qui voit ses débouchés assurés en même temps qu'une amélioration de ses pratiques et de sa rentabilité, Danone qui peut augmenter régulièrement la qualité de ses produits, et enfin les consommateurs, dont la santé bénéficie de cette sécurité d'approvisionnement et de qualité produit. Et là, difficile de revenir en arrière. Le cercle vertueux qualité/progrès/santé est irréversible.

L'avis de l'expert : Simone Prigent, responsable nutrition Nestlé France

Quelle est la stratégie de Nestlé concernant la santé ?

Nestlé a la volonté d'évoluer d'une entreprise alimentaire vers une entreprise de nutrition/santé/bien-être. Pour y arriver, l'entreprise a développé des « actes forts », comme le renforcement de la nutrition infantile, la nutrition clinique, la nutrition performance (les produits pour sportifs)... Que ce soit par le développement de produits dans chacune de ces catégories, ou par des opérations de croissance externe. À côté de cela, une cellule appelée unité *corporate wellness* a été créée : son objectif est d'accélérer l'amélioration de la qualité nutritionnelle des produits de consommation courante et le développement de produits adaptés aux populations ayant des besoins spécifiques telles que les personnes âgées, notre idée étant de pousser très loin la réflexion « plaisir et nutrition ».

Comment cette stratégie se matérialise-t-elle ?

Elle s'appuie sur quatre piliers : les hommes, les produits, la communication, et la science.

- Concernant les hommes, l'objectif est de faire de chaque salarié de Nestlé un ambassadeur de notre démarche Nutrition Santé Bien-être. Par la formation, et par la mise en œuvre du programme interne « bien-être », destiné à l'intégralité de nos 12 000 salariés.
- En ce qui concerne les produits, nous avons chez Nestlé une méthodologie très originale appelée 60/40+. Il s'agit d'évaluer nos produits et nos recettes et celles de nos concurrents selon le double filtre du goût et de la nutrition. Nous nous donnons comme objectif qu'au moins 60 % des consommateurs préfèrent le produit Nestlé en termes de goût et que la qualité nutritionnelle réponde aux recommandations de santé publique.
- Concernant la communication, l'objectif est d'être totalement transparent sur la composition nutritionnelle et de faciliter la compréhension de l'information pour le consommateur au travers d'un modèle unique sur tous nos produits.

Toutes ces démarches s'appuient sur un investissement recherche très important, donc sur la mobilisation de nos 17 centres de R&D dans le monde.

.../...

.../...

Quelles sont les raisons qui vous ont amené à un tel infléchissement stratégique ?

Les études nous montrent que le consommateur est de plus en plus conscient de l'importance de l'alimentation sur sa santé. C'est pour cela que l'industrie alimentaire doit évoluer, être en pointe dans la nutrition et contribuer ainsi à l'amélioration générale de la santé des consommateurs.

Ces actions se mènent-elles en partenariat ?

Nous menons effectivement de nombreux programmes en partenariat avec des centres de recherche publics dans différents pays du monde. D'autre part, un conseil scientifique, constitué des meilleurs experts internationaux, conseille les dirigeants de Nestlé sur les grandes orientations nutrition.

Quels sont les impacts de ces actions ?

C'est encore difficile à mesurer, en dehors de l'appréciation de la communauté scientifique ou de l'accueil des étudiants. Mais il est clair que notre démarche santé va progressivement générer de plus en plus d'atouts par rapport à l'ensemble de nos concurrents. Grâce en effet à un portefeuille de produits très large, et à l'effort que nous réalisons sur l'ensemble de ces produits, la marque Nestlé sera de plus en plus associée à la santé et à la valeur ajoutée nutritionnelle. En outre, notre programme 60/40+, qui nous permet de ne jamais dissocier plaisir et santé, renforce de façon structurelle la légitimité de notre marque auprès du consommateur.

L'entreprise se dote d'une vision santé et d'une attitude santé

Prenons quelques exemples.

- Une entreprise d'Île-de-France qui possède, entretient et gère des immeubles de bureaux est alertée par la montée de contraintes administratives qu'elle juge diverses et peu lisibles. Amiante, plomb, isolation sonore, maîtrise de l'énergie... Les animateurs de l'entreprise se réunissent et décident de positiver la situation. Le travail déjà entrepris sur l'isolation phonique, bénéfique pour le bien-être des salariés, l'élimination du plomb, de l'amiante, la suppression des moquettes potentiellement allergisantes, le choix d'un chauffage économe en énergie et peu agressif, tout cela concourt au bien-être et à la santé des personnes. L'entreprise se met au travail sur ces thèmes, constate la sensibilité des cibles, teste un concept auprès de journalistes spécialisés dans l'immobilier d'entreprise et, munie de ces informations, anticipe tous les bénéfices qu'elle pourrait tirer d'une telle démarche santé : un moyen de débanaliser un immeuble de bureau, un levier pour fidéliser les entreprises signataires de baux. Elle découvre en outre que l'inspection du travail, les CHSCT, les médecins du travail, les syndicats voient d'un bon œil cette initiative pour peu qu'elle soit sincère, durable et réelle. L'opération est lancée et un programme d'engagement santé est proposé, étudié, discuté, finalisé.

- Un fabricant de matériel de levage se trouve dans une situation similaire, et ce sont cette fois les exigences de sécurité qui vont jouer le rôle de déclencheur. Positivant lui aussi les contraintes, le chef d'entreprise commence à poser les bases d'une réflexion globale. Dans un tel marché banalisé, où la concurrence de produits à bas prix venant de l'Est est importante, un facteur de différenciation serait le bienvenu. Il va faire travailler cadres et employés sur le cahier des charges suivant : répondre aux attentes de santé et de sécurité des clients, des utilisateurs, des riverains, sans pour autant générer de nouveaux coûts. L'entreprise découvre que plusieurs initiatives ont déjà été prises dans ce sens, que plusieurs projets complémentaires peuvent être réalisés, et que le personnel, mieux formé, plus motivé et plus compétent que celui des concurrents, peut se mobiliser pour mettre en place les ajouts santé-sécurité nécessaires. Ergonomie, formation, assistance en ligne, audit santé sécurité, témoins et cadrans mieux placés, consignes plus lisibles… Tout prend sa place. Ainsi, la marque va trouver dans la santé-sécurité des arguments, des justificatifs de qualité, et des points de différenciation.

- Les producteurs de boissons alcoolisées sont confrontés au problème des limitations et des contraintes de consommation. Ils parent ou esquivent les coups, dans une attitude défensive. Une analyse approfondie leur montrera l'irrésistible ascension du courant de désir de santé. Surfant sur cette vague de fond, il s'agira donc d'assumer leurs responsabilités face au consommateur et à la société. Apprendre à consommer mieux, raisonnablement, avoir une attitude responsable. Passer d'une consommation compulsive et quantitative à une dégustation raisonnée et qualitative. Devenir des alliés santé du consommateur, investis dans le travail d'éducation et de formation nécessaires.

Que s'est-il passé dans ces trois exemples ? Qu'ont-ils en commun ? D'abord, la faculté qu'ont certaines personnes et certains groupes humains à se remettre en question, à voir les choses sous un angle nouveau. Le management, c'est souvent l'art d'analyser les contraintes de l'environnement et d'en tirer une synthèse non pas passive, réactive ou négative, mais active, constructive et volontariste. Ensuite, c'est la qualité des hommes qui fait la différence. Sens de l'intérêt général, altruisme, générosité vont souvent aussi dans le sens de l'intérêt de l'entreprise. « *Ce qui est bon pour la santé des hommes est bon pour la santé de l'entreprise* », dira un participant d'un groupe de travail. Participation ensuite. Une stratégie santé ne peut pas se faire en catimini, mais nécessite au contraire une large participation des salariés et partenaires.

L'entreprise doit donc avoir une vision et se donner une mission. Que peut-elle faire pour répondre à l'exigence santé ? Que veut-elle faire ? Les réponses sont liées à la nature et à l'intensité du lien avec le client et avec le salarié ; elles dépendent du coût, de la difficulté, de l'importance des chantiers de changement à mettre en œuvre pour répondre de façon adéquate aux attentes. Doit-elle considérer la santé comme un enjeu stratégique central et donc chercher autour de la santé un concept fédérateur et différenciant ? Ou bien est-ce un ingrédient parmi d'autres, à développer certes, mais tout autant que la qualité des produits ou le respect de l'environnement ?

Dans tous les cas, la vision doit satisfaire à quatre critères. Elle doit être légitime, crédible, sincère et source de progrès.

La légitimité ne dépend pas du secteur. Toute entreprise est, *a priori*, légitime pour agir, même (et peut être surtout), si elle produit des pesticides, des avions, du pétrole. Tout tient à la cohérence. Cohérence entre les actions et le discours, entre l'interne et l'externe, entre le marketing et la production, entre la culture d'entreprise et la culture du consommateur. Et le cap santé est à tenir dans la durée. Pas question de s'engager sur cet axe si on l'abandonne au premier vent contraire. L'expérience montre que les consommateurs-citoyens sont sensibles à l'effort de cohérence. Ils seront toujours positifs devant un discours d'entreprise du type : *Oui, on n'est pas encore parfaits, mais on travaille pour s'améliorer.*

La crédibilité est la capacité à mener de front le Faire et le Dire. Beaucoup d'entreprises malheureusement disent mais ne font pas, et certaines font mais ne disent pas ! De plus, le Faire doit être en phase avec les attentes, et le Dire respecter quelques principes que nous étudierons plus loin.

Quant à la sincérité, rien de pire que la « santé marketing » ! Celle qui sent le maquillage, le *window dressing*, la mise en scène publicitaire.

Ni le personnel, ni le consommateur ne sont dupes. Et là, le remède est pire que le mal.

Dernier critère, être source de progrès. Faire avancer les choses, apporter un service, contribuer à modifier un comportement, résoudre un problème, le résultat réel conditionne beaucoup la réussite de la stratégie. Sur ce registre, l'entreprise ne doit pas avoir peur de rechercher une validation externe et de l'assumer. Un comité scientifique, un groupe de personnalités, un baromètre objectif confié à une société extérieure, permettent tout à la fois de fonder l'action sur du solide, de souder l'interne, de rassurer les leaders d'opinion et de faciliter la communication.

Le cas de Candia

Le cas de Candia illustre bien la cohérence qu'il peut y avoir entre les quatre critères. Voilà une marque qui aurait pu se contenter d'être du lait, symbole de santé, et d'aliment de la vie. Or Candia a su innover, segmenter, et animer ce marché qu'on aurait pu croire banalisé. Ainsi, tout en respectant son territoire santé, Candia a su profiter de sa légitimité de spécialiste du lait, pour proposer au consommateur des produits crédibles, comme Viva, garanti en vitamines, Silhouette, Mais aussi Candia Croissance, un lait supplémenté en fer... Des produits innovants, pour que chacun puisse trouver le lait qu'il lui faut, le lait qu'il aura plaisir à consommer. Une offre légitime, crédible et source de progrès, car il permet à chacun de faire le plein de calcium. D'autre part un comité scientifique, composé de personnalités renommées et indépendantes, éclaire la marque sur les grandes avancées en matière de nutrition. Une politique cohérente, reconnue, qui a su porter ses fruits dans la durée.

Adhésion interne et fierté d'appartenance

Notre société a besoin de beaux défis. La santé et le bien-être constituent une source de fierté dans l'entreprise. En voici une illustration.

Équiper les collaborateurs des bons arguments face aux discours critiques au quotidien, leur rendre leur fierté de vendre leurs produits, voilà, les résultats d'une opération appelée « *nutriway-fit for the future academy* » mise en place chez Coca-Cola, en France, puis en Europe. Si plus de 90 % des participants, à l'issue de cette formation, se sentent plus à l'aise pour répondre à des questions sur la nutrition, les produits, les ingrédients et les engagements de Coca-Cola, c'est qu'elle répondait à des attentes très fortes.

Il s'agit de bâtir et de mettre en place un plan de formation à la nutrition qui permette à tous les collaborateurs d'informer leur entourage, personnel et professionnel, sur les produits Coca-Cola sur le plan de la nutrition. L'objectif est également de donner aux commerciaux les bons arguments, concis, clairs et accessibles, pour mieux « défendre » les produits et les engagements de Coca-Cola. Et cela dans un contexte plutôt difficile, où chaque jour paraissent dans la presse des articles pointant du doigt les boissons sucrées. Faire des collaborateurs Coca-Cola des ambassadeurs avertis sur les problématiques de la prévention de l'obésité, concentrer les messages sur les produits de la gamme les plus critiqués, se baser sur des arguments factuels, et positionner cette démarche au niveau le plus élevé de l'entreprise, n'étaient pas une mince affaire. Les engagements, d'abord conçus en interne, furent présentés et argumentés auprès de tout le personnel.

« Nous nous engageons à proposer un large choix de boissons qui répondent à vos attentes et vos besoins »

« Nous nous engageons à faire la promotion de l'activité physique »

« Nous nous engageons à vous aider à faire des choix éclairés en matière de nutrition, avec davantage d'informations sur nos produits »

« Nous nous engageons à pratiquer un marketing responsable, notamment dans nos communications publicitaires »

Il est clair qu'il est plus confortable et plus valorisant de travailler dans un Groupe qui s'engage officiellement devant l'opinion, qui veut être utile et jouer un rôle positif aux côtés des pouvoirs publics.

L'adhésion de tous est donc une des clefs de la réussite des stratégies santé des entreprises. Elle peut être fondée sur des engagements, comme dans cet exemple, mais aussi sur l'exemplarité. Coaching santé pour apprendre aux salariés à mieux se nourrir, salle de gym réservée au personnel, opérations destinées aux familles : le personnel adhère à la fois à des valeurs morales et à des actions concrètes, en tant que salarié, citoyen, père ou mère de famille...

Dans les années 90, les entreprises recherchaient l'adhésion interne au travers d'opérations autour du développement durable, de l'environnement ou de l'écologie. Outre le fait que certaines sentaient un peu la langue de bois, ou la méthode Coué, il faut bien reconnaître que ce thème est moins mobilisateur que celui de la santé. Il touche le citoyen et non le consommateur, le groupe plus que l'individu. Le thème de la santé, lui, fonctionne sur l'ensemble de ces registres. Individu et groupe, consommateur et citoyen, personne et famille, demain... et aujourd'hui ! Et de la même façon que le thème du développement durable est passé progressivement de la responsabilité des États à celle des entreprises, un phénomène similaire se produit aujourd'hui sur le thème de la santé.

L'adhésion auprès des experts est aussi importante que l'adhésion interne. La santé est un domaine qui est fondé sur des sciences. Médecine, biologie, agronomie, sciences humaines, sciences du comportement, nutrition apportent aux entreprises un regard, une vision, une expertise, un dialogue, une confrontation quelquefois extrêmement utiles. Associer des experts indépendants, objectifs, extérieurs est donc une nécessité. Au nom de la société civile et au nom de la communauté scientifique, ceux-ci participent, jugent, encouragent ou au contraire sanctionnent l'entreprise. La qualité de ce dialogue est évidemment source de progrès pour la société, mais aussi pour l'entreprise. Là encore, ce n'est pas le résultat seul qui compte, mais l'effort, la mise en tension, la progressivité, l'inscription de la démarche dans le long terme. La santé ne peut pas être seulement au service de la santé économique de l'entreprise : la nouvelle citoyenneté de l'entreprise passe par la santé.

> Bien sûr, démarche de long terme et mise en tension impliquent conduite du changement. Car la stratégie santé n'est pas cosmétique. Elle demande de vraies évolutions, de l'authenticité, bien loin des « coups de com ». La progressivité et la durabilité sont de règle pour réussir.

Sans prétendre apporter des solutions toutes faites, on peut néanmoins proposer quelques axes de réflexion : l'implication du management, le groupe de pilotage santé, la démarche duale action/communication, le caractère unique de chaque chemin santé (« *healthing way* »), la formation santé, l'intégration de la société civile à l'intérieur même des entreprises, ainsi que l'évolution des process.

L'éthique santé est-elle rentable ?

L'entreprise a une part de responsabilité dans la santé de son personnel, de ses clients, et plus largement des citoyens des pays dans lesquels elle officie. Mais souvent, cette responsabilité entre en contradiction avec l'objectif commercial. Faire le produit qui plaît le plus, qui se vend le mieux, le distribuer le plus largement possible dans les meilleures conditions, etc., pourraient synthétiser sa ligne de conduite. C'est dire que la santé vient après. Cependant, il arrive fréquemment que des occurrences viennent modifier cette hiérarchie des valeurs. Accident, incident, crise produit, attaque d'une association, manque d'anticipation, relations limitées avec certains leaders d'opinion... Et patatras ! C'est la crise. L'entreprise se retrouve devant le tribunal de l'opinion publique et des médias, avec des conséquences humaines, financières et commerciales irréversibles. Pour anticiper ces éventuels problèmes, l'entreprise doit donc sortir de façon structurelle de sa focalisation commerciale et prendre une nouvelle position, que l'on pourrait appeler, *la responsabilité santé de l'entreprise*. De quoi s'agit-il ? Il s'agit de mettre l'entreprise de façon systématique, régulière et régulée en face des relais et leaders santé.

Le cas Actimel

Actimel, l'une des marques phare de Danone, choisit parmi les propositions de son agence de publicité le film *Bac à sable*. Sujet d'inquiétude pour la mère, le bac à sable constitue un excellent moyen de signifier que le produit apporte une protection contre les microbes sans évoquer la maladie. La thèse du film publicitaire est donc qu'Actimel protège les enfants des petits risques du quotidien. Mais il manque à l'argument publicitaire (destiné aux familles), le complément adressé aux leaders d'opinion et aux experts, pour qui tout cela n'est que du marketing sans science. Il s'ensuit une réaction négative, d'abord d'une association de consommateurs fortement mobilisée sur les problèmes d'hygiène des bacs à sable, puis des professionnels de santé. Que faire ? Tout d'abord, arrêter le spot considéré comme sur-prometteur, puis mener une démarche de légitimation auprès des leaders d'opinion sur la base des études scientifiques réalisées. Convaincus du bien fondé du produit, les dirigeants de Danone décident de lancer cette démarche de dialogue et de faire valider la promesse par l'Agence de Sécurité Sanitaire des Aliments (AFFSA) sur la base d'un dossier scientifique. L'AFSSA reconnaît que le produit peut affirmer qu'il participe à renforcer les défenses naturelles. Et là seulement, la communication publicitaire peut recommencer avec un cahier des charges plus exigeant : informer des effets réels du produit.

Cet exemple démontre bien les différents volets du système et les bénéfices associés. Les volets : l'entreprise dresse la liste des leaders et relais avec lesquels elle doit absolument communiquer, puis organiser des rencontres régulières. Non pas seulement pour faire passer des messages, mais aussi et surtout pour se mettre à l'écoute. Ces messages seront intégrés et transformés en actions de changement. Puis en cahier des charges de la communication. Plusieurs chantiers sont à mener : le fichier des leaders et relais, la stratégie du programme de rencontres avec ces leaders et relais, le mode d'écoute et les process de changement, c'est-à-dire comment intégrer positivement les remarques et suggestions, la rédaction du nouveau cahier des charges de la communication... Pour l'intérêt supérieur du consommateur. Les bénéfices associés à ces chantiers sont de plusieurs ordres : anticiper les crises et s'y préparer, s'adapter sans cesse à un environnement changeant, passer d'un rôle commercial à un rôle sociétal. Car la santé dans ses dimensions éthiques génère de nombreux bénéfices économiques.

Le marketing santé à l'épreuve de la sincérité

La santé n'est pas un domaine comme les autres. Ce n'est ni un pur « marché », ni un pur domaine social, mais un sujet unique dont l'homme est le sujet central. La santé nous touche, chacun d'entre nous, au plan personnel, familial, comme citoyen, parent, enfant, salarié, responsable, tous ces rôles étant interpénétrés. Comment agir seulement en tant que chef d'entreprise alors que des hommes et des femmes vont, soit bénéficier, soit souffrir de ma décision fondée seulement sur des critères économiques ? Comment ne pas penser aux conséquences sociales, humaines, psychologiques ? Le « fait santé » propulse le décideur sur un terrain multicritères où la projection personnelle va s'ajouter aux critères purement rationnels.

Le distributeur qui réfléchit à un nouvel étiquetage produit pour faciliter le repérage des composants alimentaires dans ses rayons ne le fait-il qu'en tant que distributeur responsable ? Ou bien aussi en qualité d'homme sensible à l'épidémie d'obésité ? La chaîne télévisée qui met en place de nouveaux programmes santé le fait-elle uniquement pour être dans l'air du temps ? Pour répondre aux attentes des publics ? Ou également pour contribuer à une meilleure prévention du téléspectateur ? Bien entendu, pour toutes ces raisons à la fois.

Lorsque Danone lance des yaourts très bon marché en faisant travailler des producteurs de lait et des distributeurs au Bangladesh, elle entre totalement dans le système du cercle vertueux responsabilité/opportunité : progrès pour l'homme, bénéfice d'image, nouveau modèle économique. Le succès d'une telle démarche est intimement lié à sa sincérité. Il y a de fait une dimension particulière, unique dans la santé, on pourrait presque dire une dimension « sacrée », tant est sacré le désir de santé et d'intégrité dans nos sociétés. Pas de maquillage possible. Pas de tricherie. Pas de faux-semblants. Si effectivement il y a des opportunités énormes liées à l'émergence puis à l'explosion du désir de santé, cette donne économique porte intrinsèquement en elle une forte dose d'éthique.

Le consommateur n'est pas dupe et refuse tout habillage hypocrite. Il est extrêmement sensible à la dimension altruiste et désintéressée et sait parfaitement décoder les signes. Il n'y a donc pas de choix pour l'entreprise. Elle doit intégrer les préoccupations santé/bien-être des clients. Elle doit modifier son comportement. Elle doit faire la synthèse entre ses objectifs de développement et ses contraintes éthiques, ses valeurs business et ses valeurs morales. Il faut à ce propos éviter l'angélisme. L'entreprise n'a pas pour vocation de se consacrer entièrement à l'altruisme. Mais elle doit trouver un bénéfice, à en intégrer les valeurs dans son activité économique. Elle se situe donc bien dans un « ni-ni », ni pure économie, ni pure morale. L'entreprise a des consommateurs qui font sa richesse d'aujourd'hui et de demain. Elle doit les maintenir en bonne santé pour qu'ils continuent à consommer ses produits. Cynique ? Non, réaliste.

Les laboratoires pharmaceutiques

Le cas des laboratoires pharmaceutiques est à ce titre particulièrement éclairant. Nul doute que les laboratoires sont de grands acteurs de la lutte contre la maladie. Ils cherchent, ils trouvent, ils mettent sur le marché, ils étudient, ils informent les médecins... Mais certaines études d'opinion montrent trop souvent qu'ils apparaissent au grand public davantage comme de purs acteurs économiques que des acteurs complets de la santé. Malgré le potentiel d'image énorme qu'ils peuvent développer, avec les preuves irréfutables qu'ils sont en droit d'exhiber, ils réussissent le tour de force d'apparaître décalés du désir de santé ! Pourquoi ? Ils sous-estiment le caractère unique et sacré de la santé. Ils communiquent avec les relais que sont les médecins et les pouvoirs publics, et rarement avec le consommateur. Ils n'ont pas d'actions visiblement désintéressées. Ils ne parlent pas à l'homme mais au malade. Ils ne parlent pas aux malades en général, mais à tel type de malade souffrant de telle maladie, répondant à telle molécule.

• • •

● ● ●

> Leur vocation d'acteurs de la nouvelle santé n'est donc pas reconnue. Le consommateur n'est pas idiot. Il connaît bien le rôle actif que les laboratoires jouent dans la lutte contre la maladie. Mais il ne suffit pas d'être dans la non-maladie, il faut être aussi dans la santé, ce qui n'est pas tout à fait la même chose.

Le dialogue direct, le feed-back consommateur est donc l'un des ingrédients de la réussite. On voit poindre les fondements d'une action et d'une communication santé, liés à ce volet sacré. On peut classer ces règles sous les deux vocables suivants, la carotte et le bâton. La carotte, ce sont tous les avantages et le contexte positif d'une action santé : crédibilité, empathie, dialogue véritable, fidélisation réelle, capacité de projection sur la marque et sur le produit, caractère missionnaire, prosélyte du consommateur fidèle... Pourvu que l'entreprise soit sincère, que son action soit durable et apporte un progrès. Le bâton, c'est le retour négatif d'une incohérence, d'une action éloignée du discours, d'un moment où l'on découvre que l'entreprise n'est pas aussi « *clean* » qu'elle voudrait le laisser paraître. Et là, un contre-exemple néfaste peut tout faire capoter.

> Récemment, la marque Vichy, voyant l'explosion des blogs et l'avantage qu'elle pourrait en tirer, décide d'orchestrer un blog marketing produit pour lancer son « peel microabrasion ». Sur le plan graphique, cela donne une interface hybride entre un site produit (iconographie très médicalisée de Vichy) et un blog classique. L'objectif est de tenter un dialogue avec les consommatrices. Le locuteur du blog est Claire, une femme « d'un certain âge », qui souhaite parler aux internautes qui partagent ses préoccupations sur la fraîcheur de son teint. Or, il apparaît peu à peu que tout a été programmé, anticipé, que les billets ont été écrits à l'avance. En fait, le décalage entre le design très sophistiqué et le discours, censé être spontané, va susciter rapidement un malaise. Et de ce fait, les consommatrices ne sont pas dupes : les commentaires laissés sur ce blog sont cinglants pour la marque, accusée de produire « un sitcom de troisième zone » (qui connote la pauvreté des « dialogues » mais aussi le caractère artificiel du « décor »), la sincérité de l'expérience proposée est mise en doute. La crédibilité du discours de Vichy va finir par être mise à mal dans ce dispositif qui a fait plus de dégâts qu'il n'a apporté de parts de marché à son nouveau produit[1]...

---
1. *Les Échos*, 14 décembre 2006.

Au-delà de la maladresse, la communication santé révèle le caractère profond de l'entreprise. Aime-t-elle vraiment les gens ? Est-elle mue uniquement par le profit ? Comment sont vraiment ses dirigeants ? Dialoguent-ils avec le grand public ? Se soumettent-ils au jugement objectif des scientifiques ? Et là, pas besoin d'apparaître comme des saints. Les consommateurs savent bien que l'entreprise est d'abord là pour gagner de l'argent et en comprennent les implications. Le message que le consommateur porte, c'est : « *l'argent oui, mais pas seulement.* »

La règle va donc être la sincérité. Dans ce domaine qui reste à inventer, le principal est affaire de bon sens. D'abord, se mettre à jour. Après un audit sincère, l'entreprise règle les problèmes existants. Puis, l'analyse étant faite, elle mène conjointement dans le temps ses actions d'amélioration et son programme de communication, en ayant soin de toujours être en phase avec le consommateur, juge-arbitre suprême dans ce domaine. En réalité, ce dialogue constant mené avec une démarche sincère de progrès va générer *de facto* ce cercle vertueux. Faire mieux parce qu'on le peut, parce que l'entreprise en a un retour positif immédiat, et parce que l'environnement change, évolue, demande davantage et que tout le monde y trouve son compte.

La vitesse de propagation du désir de santé

Il y a de quoi être frappé, une fois que l'on est engagé dans le processus, par la vitesse de propagation du désir de santé. Une fois que vous êtes dans la pente, la force de gravitation prend le pas sur les contraintes. L'effet boule de neige est là. On pourrait même dire qu'il y a plus d'effort à faire pour lutter contre le phénomène que pour suivre la ligne de pente. L'essentiel est de se placer tôt sur la ligne de pente et de le faire savoir. Progresser avec l'environnement. Pas plus vite, le consommateur ne demande pas d'être un champion de la glisse. Simplement d'avancer dans le bon sens.

Le cas McDonald's

McDonald's est un bon exemple de ce phénomène de cercle vertueux. Le tableau commence par être plutôt noir. L'entreprise est d'abord sourde au développement exponentiel de l'épidémie d'obésité aux États-Unis dans les années 90. Le business est là, les affaires sont les affaires.

● ● ●

— ● ● ● —

Puis, après des années d'un long travail de sape d'associations de consommateurs, de chercheurs scientifiques, de certaines associations, des cataclysmes vont frapper coup sur coup l'entreprise jusqu'alors peu consciente. Baisse des ventes aux États-Unis, et procès en cascade commencent à frapper l'entreprise. Le cours de bourse s'effrite. JP Morgan lie directement et explicitement obésité et cours de bourse. Le film *Supersize Me* démultiplie le phénomène. Les deux phénomènes s'additionnent et la fréquentation baisse. McDonald's n'est plus en phase avec le consommateur, l'adéquation avec les attentes s'est distendue. La mère de famille n'y amène plus ses enfants avec la même confiance. L'alerte est grave ! Mais enfin, le géant se réveille. Il ne se rendormira plus jamais. Élargissement de l'offre, travail sur la responsabilité, étiquetage nutritionnel, promotion de l'activité physique, travail sur l'ensemble des produits, l'entreprise inverse la tendance. En France, les résultats sont spectaculaires. Deux ans plus tard, la Commission européenne, saisie du dossier de l'obésité, va exprimer ses encouragements aux entreprises qui contribuent le plus à cette lutte. Et qui sera nominé ? McDonald's, le stéréotype de la malbouffe, l'archétype du régime gras américain, le mauvais élève de la classe, va dépasser les stars européennes de la nutrition santé ! Que s'est-il passé en à peine trois ans pour inverser ainsi le phénomène ? Deux réponses. D'une part, McDonald's a su se mettre au bon moment sur la ligne de plus grande pente et suivre le mouvement. D'autre part, McDonald's, a su communiquer, ni trop ni trop peu, ni en exagérant, ni en minimisant.

L'avis de l'expert : Jean-Pierre Petit, président de McDonald's France

Comment analysez-vous l'évolution du désir de santé chez les consommateurs et comment définiriez-vous la « nouvelle santé » ?

Ce désir de santé constitue un courant de fond. Qui dit courant de fond dit montée progressive, et non phénomène de mode. Cela implique que nous devons, nous aussi, agir sur le fond des choses et travailler dans la durée, avec volontarisme, sans précipitation. Au-delà de l'évolution, il faut remarquer qu'il s'agit en grande partie d'un problème de perception. Objectivement, la santé est meilleure et l'on ne s'est jamais aussi bien nourri. En matière d'alimentation, on est passé d'une ère de la suffisance dans l'après-guerre à une ère de la praticité. Depuis quelques années, nous sommes dans une ère de l'alimentation-santé.

.../...

.../...

Pourquoi ? Parce que les nouvelles technologies, les moyens d'information, les méthodes d'analyse nous conduisent à utiliser un microscope déformant et à renforcer nos peurs. Cela explique en partie le désir de santé et le fait qu'il couvre un large champ. Quant à la « nouvelle santé », c'est un phénomène cumulatif, dans lequel tout est englobé : plaisir, sport, nutrition, peur de la maladie, etc., dans une idée de santé globale.

Comment votre groupe a-t-il commencé à intégrer le critère santé et comment intervenez-vous aujourd'hui dans ce domaine ?

D'abord, il faut bien comprendre que, au-delà du symbole, McDonald's ne constitue pas le problème, mais que nous participons à sa solution. C'est dans un travail de fond, et non dans un travail de signes que nous agissons. Avec des nutritionnistes, des scientifiques et des spécialistes de plusieurs disciplines, nous intervenons à la fois sur nos structures, nos produits, et sur la pédagogie. Ce travail se voit, et se lit progressivement dans nos offres. Et nos clients, qui sont sensibles et intelligents, perçoivent petit à petit les évolutions. La société civile attend que des entreprises comme la nôtre soient au travail. Nous sommes la deuxième structure en France, après l'Éducation nationale, en nombre d'enfants accueillis ! Notre rôle est donc immense. Nos progrès, nos avancées, nos engagements finissent par avoir un effet cumulatif de crédibilité. Engagements vis-à-vis des pouvoirs publics sur le recyclage des huiles et des emballages notamment, construction d'aires de jeux, développement de la pratique sportive, pédagogie nutritionnelle... Ces projets lourds prennent du sens au final. L'opinion est sensible au travail que nous faisons et aux progrès tangibles que nous réalisons.

Comment pourrait-on résumer votre stratégie ?

Pour simplifier, je dirais : agir sur l'entreprise, et pas seulement sur la marque. Bien sûr, il faut d'abord noter que, dans notre secteur, le travail sur la marque est essentiel : publicité, animation, promotion, jeux, tout cela dans un contexte de plaisir, inhérent à notre métier et à notre mission. Mais cela ne suffit pas. Nous avons, à une époque, sous-estimé la dimension entreprise, c'est-à-dire la qualité, la nutrition, le social, l'environnement... Nous pensons qu'on ne peut pas avoir un volet marque efficace, et un volet entreprise qui ne le soit pas. Ce volet entreprise peut avoir un effet positif ou bien négatif sur la marque. Un volet négatif mal géré peut tuer la marque ! Les progrès sont spectaculaires et les effets du volet entreprise sur la marque sont notables.

Concrètement, comment cela a-t-il commencé ?

À une époque, différents phénomènes comme la vache folle ou les actions des militants écologistes nous ont amenés à réagir. Il est vrai que nous avons d'abord dû endiguer des crises.

.../...

.../...

Cela nous a amenés à bouger, à réagir et à nous renforcer. Nous avons pris des engagements, travaillé sur la nutrition, renforcé le dialogue social, dans une grande volonté de transparence. Bien sûr, tout cela n'a pas été visible tout de suite, mais il s'est opéré petit à petit un véritable effet de halo. Les clients et l'ensemble de nos interlocuteurs ont parfaitement compris qu'une grosse société comme la nôtre prenait du temps pour bouger. Mais ce temps, nous l'avons mis à profit pour réaliser des actions structurantes, touchant à l'ensemble de notre responsabilité sociétale : nos pratiques, nos achats, nos filières, notre gestion des personnels, nos valeurs en somme !

Quels sont les résultats de cette stratégie ?

Dans le groupe McDonald's, la France est régulièrement citée comme modèle. Parce que nous avons prouvé que notre stratégie était la bonne. Non seulement nous avons énormément progressé en termes d'image, que ce soit auprès du grand public ou des leaders d'opinion, mais encore nos résultats financiers sont nettement supérieurs à la moyenne du groupe, prouvant ainsi que, en France, nos clients sont sensibles et apprécient positivement notre travail et nos évolutions.

Succès des dynamiques participatives : le cas EPODE

Non, l'obésité et les maladies de civilisation ne sont pas une fatalité !

Tout commence à San Francisco. Ce n'est pas le titre d'une chanson, mais plutôt le sous-titre d'une histoire de santé publique unique au monde. En 1990, le docteur Jean Michel Borys s'arrête devant un panneau. Sausalito, première ville américaine sans cholestérol. Il découvre que les pharmacies, les hôpitaux, les cabinets médicaux, les lieux publics de cette ville participent à une opération commune de prévention et de dépistage. De retour dans son CHU, cet endocrinologue et nutritionniste, qui voit depuis longtemps arriver l'épidémie d'obésité et des pathologies cardio-métaboliques, fait le pari de la prévention. Il sait qu'il sera très difficile d'enrayer un mouvement exponentiel et décide de prendre le mal à sa source, dans les comportements et les modes de vie.

En effet, d'après l'Organisation mondiale de la santé, près de deux tiers des pathologies dont nous souffrons et mourons sont des maladies de civilisation, dont l'obésité, le diabète, les maladies cardiovasculaires, certains cancers. Elles sont toutes liées à notre mode de vie.

Si tout le monde sait ce qu'il faut faire, comment le faire ? Alors le docteur Jean-Michel Borys rencontre des politiques, des scientifiques, mais aussi des marketeurs et des communicants prêts à s'investir dans une aventure mêlant science et approche marketing au service d'une cause d'intérêt général. L'étude « Fleurbaix-Laventie Ville Santé » (deux petites villes du Nord de la France) et le modèle de prévention, bientôt appelé EPODE – Ensemble Prévenons l'Obésité des Enfants – est né.

L'objectif est d'influer sur les comportements, en participant au plus près à la vie quotidienne de la population, et de contribuer ainsi à la création de nouveaux modes de transmission d'un mode de vie sain, favorisant la prévention des maladies chroniques et de l'obésité.

Quinze ans plus tard, l'approche développée à Fleurbaix et à Laventie avec la collaboration des services municipaux et des acteurs du tissu local (associations, éducation, restauration, distribution et professionnels de santé, etc.) a fait ses preuves avec un résultat exceptionnel : la stabilisation de la prévalence du surpoids et de l'obésité dans ces deux villes entre 1992 et 2005 (8,8 % en 2005), alors qu'elle a doublé dans les villes témoins (17,6 % en 2005).

> L'implication d'une équipe pluridisciplinaire maîtrisant les sciences de l'organisation et les approches de santé publique fondées sur le marketing social est décisive. C'est encore cette spécificité qui permet aujourd'hui au modèle EPODE de se développer en France et en Europe, grâce à une méthodologie et une ingénierie de projet conçues pour reproduire un système de mobilisation pérenne et synergique, là où les villes et les collectivités sont convaincues du rôle qu'elles ont à jouer.

Nous vivons dans une société où tout concourt à une prise excessive de poids : alimentation pléthorique, disponible en permanence, dense en énergie, déstructuration des rythmes alimentaires, perte de transmission des cultures alimentaires familiales et perte de savoir-faire, sédentarité, stress, pollution environnementale…

L'augmentation de l'obésité de l'enfant est une expression majeure de ce nouveau mode de vie et ses conséquences. L'excès de poids et l'obésité chez l'enfant deviennent une préoccupation inquiétante en termes de santé publique. Estimés à environ 3 % en 1965, ils concernent en 2000 près de 15 % des enfants, 20 % en 2005. Cette accélération brutale de la prévalence d'enfants en surpoids et obèses entraînera de nombreuses préoccupations de santé publique pour les années à venir. En effet, près de deux tiers des enfants obèses deviennent des adultes obèses et ont alors une espérance de vie réduite de 13 ans !

La maladie « obésité » que nous observons aujourd'hui chez les adultes n'a rien à voir avec ce qui nous attend dans un futur très proche. Les adultes obèses d'aujourd'hui étaient rarement des enfants obèses. Ils le sont devenus en majorité à l'âge adulte. Les enfants obèses d'aujourd'hui seront pour la plupart d'entre eux des adultes obèses, mais auront malheureusement cumulé des années de risque cardio-métabolique lorsqu'ils deviendront adultes. De nouvelles pathologies apparaissent dès l'enfance, même si elles sont encore marginales, mais surtout, les enfants auront des complications plus précoces, au premier rang desquelles le diabète et les maladies cardio-vasculaires.

Ces faits incitent à une mobilisation pour en limiter l'ampleur et les conséquences individuelles et collectives catastrophiques en termes de santé physique, psychologique et sociale.

Les autorités en ont pris conscience. L'Organisation mondiale de la santé (OMS) tout comme la Commission européenne – direction générale santé consommation (DG-SANCO) en ont fait un axe prioritaire pour la décennie. En France, la première annonce forte a été faite en 1999 dans le rapport du haut comité de santé publique, suivi en 2000 de l'expertise collective de l'INSERM, puis, en 2001, de la mise en place du Programme national nutrition santé (PNNS). Le PNNS initialement prévu pour une durée de cinq ans a été reconduit en 2007.

EPODE est une réponse sociétale à un problème sociétal. Il faut montrer et démontrer que le fait de changer l'environnement peut changer la société.

En 2007, dans 123 villes mobilisées en France, près d'un million de personnes sont concernées par le programme. Celui-ci fait école en Europe avec le développement de programmes pilotes en Espagne et en Belgique. L'objectif est toujours le même : aider les personnes cibles en s'appuyant sur le relais stratégique de la famille, en stimulant ses apprentissages et sa mobilisation pour un mode de vie plus sain, propice à sa santé. Les principaux axes du programme concernent les habitudes alimentaires et la lutte contre la sédentarité.

La famille évolue dans une « niche écologique » : son quartier, le village, la ville ou la communauté de communes. C'est dans cette niche écologique que se déroulent la plupart des actes de la vie quotidienne : transport, éducation, travail, achats, soins médicaux, activités de loisirs ou sportives… La famille côtoie au quotidien de multiples intervenants dans le monde de l'éducation, du travail, de la santé, associatif… Elle est soumise aux nombreuses influences de l'ensemble de ces acteurs, mais aussi de l'entourage proche, des médias…

C'est pourquoi EPODE propose un modèle unique de prévention fondé sur l'implication de la communauté pour la communauté, grâce à un pilotage de projet assuré de manière transversale par la ville elle-même. C'est la municipalité impliquée qui porte le programme pendant au moins cinq années, au travers de la nomination d'un comité de pilotage municipal pluridisciplinaire (éducation, restauration scolaire, sports, santé, vie associative...), coordonné par un chef de projet nommé par le maire, formé et « coaché » par une équipe de coordination nationale du programme.

La coordination nationale est une des clés du projet. Assurée, au sein de l'agence Protéines, par une équipe de spécialistes de l'ingénierie de projet et des démarches de progrès visant le grand public, elle a pour mission d'élaborer la méthodologie de mise en œuvre du programme, et les outils d'information et de communication associés. La multi-expertise de Protéines, dont le marketing social, a ainsi permis de développer une approche originale qui tient compte de l'ensemble des facteurs contribuant à influer sur les modes de vie, dans une perspective de réplication, quel que soit le contexte local.

EPODE s'appuie sur une pédagogie progressive fondée sur l'apprentissage par l'expérience concrète, adaptée aux contraintes de la vie moderne comme à celles des populations cibles les moins favorisées économiquement. L'autre levier consiste à tenir compte des freins rencontrés par les parents et la répétition des messages clés.

Ainsi, le programme permet d'apporter à la cible familiale un ensemble d'informations et d'actions de mise en pratique convergentes, par des acteurs locaux multiples, au même moment. Dans une période de temps donnée (quatre à six mois), un thème générique est abordé à de multiples niveaux par des intervenants, sans hiérarchie entre eux, mais coordonnés. Ce sont ces actions « fil rouge » qui garantissent une mobilisation tant en termes de messages clés qu'en termes psychosociologiques pour garantir la cohérence, la pertinence et la qualité du programme.

Une attention particulière est portée à la non-stigmatisation des comportements, des personnes et des aliments pour permettre aux familles de modifier, sans les culpabiliser et à leur rythme, leurs habitudes alimentaires et leur niveau d'activité physique dans le sens préconisé par le Programme national nutrition santé (PNNS). La méthode prend en compte la « modernité alimentaire », – praticité et faible investissement/temps/préparation – la nécessité d'une éducation alimentaire applicable au quotidien (en opposition à l'éducation nutritionnelle théorique) et intègre systématiquement la notion de lutte contre la sédentarité par des actions de terrain concrètes, basées sur le plaisir, l'adaptabilité et l'appropriation.

Prévenir l'obésité et les maladies de civilisation doit passer par une prise de conscience collective et individuelle de la problématique et surtout de ses solutions.

La coordination nationale d'EPODE travaille sous le contrôle d'un comité d'experts indépendants et en collaboration avec des professionnels de la pédagogie, de la psychologie, de la sociologie, du sport et de la nutrition. Ainsi, les actions concrètes développées sur le terrain naissent de la rencontre entre un dispositif bien orchestré, conçu autour d'actions « fil rouge », déployé par des équipes motivées, et la fédération d'initiatives locales synergiques et complémentaires.

L'évaluation se fait au niveau médical en pesant et en mesurant systématiquement tous les enfants, grâce à la médecine scolaire, en déterminant leur IMC et la prévalence de l'obésité dans chaque ville. Au niveau sociologique, les changements et les comportements induits par l'expérience sont évalués. Depuis son lancement en 2004, plus de 1 000 actions ont été mises en place dans les dix villes pilotes.

Dans le cadre de l'évaluation de ce projet, tous les enfants sont pesés et mesurés chaque année. L'IMC de chaque enfant est calculé et inscrit sur une courbe de corpulence, laquelle est commentée et adressée aux parents. Les parents d'enfants à risque ou en excès de poids sont incités à consulter leur médecin. La prise en charge des enfants se fait par le système de soins classique, ou des réseaux spécialisés, lorsqu'ils existent. Un outil d'accompagnement téléphonique mensuel des familles, sur prescription médicale uniquement, est mis à la disposition pour les médecins.

La première évaluation de l'IMC dans les villes pilotes, celle qui servira de référence pour évaluer à terme la démarche, met en évidence un taux de prévalence de surpoids et obésité de 20,6 % pour l'ensemble des villes avec des taux variant d'une ville à l'autre de 10 à 25 %. Il existe une nette relation entre le niveau socio-économique de la population et le taux d'obésité. Ce sont les quartiers et les villes les plus défavorisés qui sont le plus à risque.

Une première évaluation sociologique préliminaire a analysé le ressenti des acteurs locaux impliqués dans la mise en place d'EPODE dans une ville. L'alimentation est vécue avant tout comme un plaisir, avant même son lien avec la santé et son rôle social. La participation des intervenants est perçue comme une action collective en réseau, entraînant responsabilisation et cohésion dans le groupe. Les acteurs locaux ont tissé des liens sociaux dans le travail et en dehors. Ils ont découvert de nouveaux domaines de compétences, se sentent valorisés dans leur travail au quotidien. Ils ont le sentiment de participer à une action commune positive pour la collectivité. Côté famille, le programme est vécu comme une aide concrète contribuant à orienter et à soutenir leur rôle éducatif auprès de leurs enfants.

Aujourd'hui, quatorze ans après le début de cette histoire, quels en sont les résultats et les perspectives ?

Cette expérience, réussie en terme de mobilisation locale, saluée par la Commission européenne et les pouvoirs publics français, va donc être appelée à se développer largement. Le club des maires des villes EPODE, créé en 2005 par les maires des dix villes pilotes, qui réunit les élus locaux de ces villes, mais également ceux intéressés par la démarche, promeut le concept auprès des autres collectivités territoriales et recherche les moyens financiers, matériels et humains pour étendre le réseau.

Des grands groupes suivent cette opération avec intérêt : agroalimentaires, distribution, assurances... Certains s'y étaient associés dès le départ, et leur participation a rendu cette initiative possible. D'autres rejoignent le peloton. Confrontées à un mécontentement grandissant qui risque à terme de ressembler aux mouvements anti-tabac, ces entreprises voient bien tout l'intérêt de cette démarche, à la fois pour leurs clients, mais aussi pour elles-mêmes. Face à un problème de société qui dépasse largement l'enjeu purement alimentaire, les entreprises prouvent ainsi que leur engagement est efficace pour la collectivité, et bénéfique pour leur image.

Nestlé, les Assureurs prévention santé (APS), regroupant 250 sociétés d'assurances françaises – la Fondation Internationale Carrefour – participent très activement à ce projet dans le cadre d'une charte éthique des partenaires. Ils témoignent par cet engagement que, face à des enjeux complexes, seules des opérations ambitieuses mêlant partenariats public et privé, déployées sur le long terme et visant à faire évoluer en profondeur les comportements, sont réellement efficaces. La réglementation donne des inflexions utiles, mais cela ne suffit pas.

Aujourd'hui, le succès engendre le succès. La création d'un « club de partenaires » permet de soutenir l'extension du programme en France avec l'adhésion de fondations telles que celle de la CNP, de l'ISICA ou encore le soutien de Ferrero. Ce même programme se développe déjà en Espagne (TAO) et en Belgique (VIASANO). Et demain des projets au Canada et en Amérique du Nord.

L'avis de l'expert : Jean-Pierre Després, professeur de médecine à l'Université Laval, spécialiste mondial de l'obésité… et citoyen ! Directeur de la recherche en cardiologie à l'Hôpital Laval, Québec

Le professeur Jean-Pierre Després aurait pu se contenter du volet scientifique et médical de sa charge, mais son engagement en tant que citoyen, son exigence professionnelle, et son éthique personnelle le poussent à s'impliquer fortement dans la vie de la cité.

Que pensez-vous de ce désir frénétique de santé dans les pays occidentaux ?

Nous nageons en pleine confusion. D'un côté, les progrès sont immenses. Nous savons quoi faire pour diagnostiquer les maladies les plus graves, nous savons comment lutter contre le cholestérol, le diabète, la tension artérielle, nous en connaissons parfaitement les risques et le corps médical a réalisé des percées extraordinaires pour sauver des vies. En même temps, nous maintenons un mode de vie en complète contradiction avec ces conclusions. Confort, sédentarité, déplacements réduits, vie facile, alimentation dénaturée consommée trop rapidement, tout cela génère de véritables bombes à retardement. D'un autre côté, il ne se passe pas un seul jour sans que l'on nous fasse connaître le dernier régime miracle, la nouvelle « diète » à base de telle ou telle recette. Tout cela crée un bruit de fond, une cacophonie, une confusion qui nous empêchent d'avoir une vue claire et simple du problème et des solutions à mettre en œuvre.

Comment y voir plus clair ?

Il faut travailler au niveau de l'éducation, au niveau de la formation des médecins, et au niveau de la santé publique. Au niveau de l'éducation du grand public, il est nécessaire de passer des messages clairs et de faire comprendre que notre mode de vie (alimentation, manque d'activité physique…) a une influence directe sur notre santé et notre surpoids. Et que certaines personnes en surpoids présentent des risques de complication nombreux.

Au niveau des médecins, il faut les former et les aider à détecter le fameux sous-groupe qui présente les risques les plus importants. Détecter ce profil de risque encore plus à risque est un grand défi.

…/…

.../...

Il faut donc mieux outiller les médecins, et que les politiques de santé publique prennent le relais. On le voit, il s'agit d'une chaîne englobant les chercheurs, les médecins, les patients, et les décideurs de la santé.

Il faut des interactions, des partenariats entre des acteurs différents, qui ont quelquefois du mal à coopérer.

Comment lever ces freins ?

Faire en sorte que des partenariats s'installent. Que les professionnels de santé interagissent avec les autorités de santé. Redéfinir ensemble les paramètres du problème. Parler tous ensemble des vraies choses. Débattre de ces problèmes et arriver à interpeller les autorités de santé pour qu'ils mènent une approche globale.

Pour arriver à quoi concrètement ?

Le médecin, c'est comme le coach au football. Il va donner des instructions au patient, mais c'est ce dernier qui va se retrouver seul sur le terrain. Or, le médecin de famille est débordé. En sept à dix minutes de consultation moyenne, il n'a évidemment pas les moyens de faire de la prévention. Il faut à l'inverse que, après avoir identifié les patients à risque grâce à des procédés très simples, il passe le relais à une vraie équipe pluridisciplinaire, qui va quant à elle rencontrer la personne sept ou huit fois. Toutes les études le montrent : une personne de ce type qui n'est pas prise en charge régulièrement sur la durée par une équipe pluridisciplinaire n'a quasiment aucune chance de modifier ses comportements et de guérir. À l'inverse, un patient suivi, ainsi pris en charge et motivé, a toutes les chances de s'en sortir. Nos résultats actuels vont au-delà de nos espérances !

Le changement concerne tout le monde : les consommateurs, les patients, les médecins, les politiques. Il serait vraiment absurde que tout ce que l'on a gagné d'un côté par les progrès de la médecine soit perdu de l'autre côté par un déficit de sensibilisation, d'organisation et de communication.

Chapitre 3

La santé durable, source de progrès et vecteur d'image

Le phénomène de la nouvelle santé est trop complexe, on l'a vu, pour que l'on se permette de préconiser des recettes ou des méthodes directives. Néanmoins, avec le recul d'une agence pionnière sur ce secteur, proposer des pistes de réflexion, faire part d'hypothèses, montrer les risques, apporter des témoignages nous a paru constituer un complément utile. On trouvera donc dans ce chapitre des réflexions et des cas qui permettent d'observer concrètement l'évolution des cahiers des charges, en communication interne, en communication produit et *corporate*. Bien sûr, il ne s'agit là que d'éclairages, pas de réponses définitives.

Agir et communiquer autrement à l'interne

Traditionnellement, la communication interne dans les entreprises était vouée à des finalités liées à l'entreprise elle-même. Mieux faire comprendre la stratégie, mettre de l'huile dans les rouages entre la direction, l'encadrement et le personnel, favoriser la transversalité, par exemple. Or, aujourd'hui, l'entreprise se voit interpellée sur des sujets qui touchent, non plus le salarié, mais sa personne même, non plus seulement le rôle qu'il joue, mais l'être dans son intégralité. Les préoccupations santé ne sont pas étrangères à cette évolution, à tel point que, bientôt, il faudra réécrire tous les manuels de communication interne et y inclure un important chapitre consacré à la santé et au bien-être.

L'avis de l'expert : Antoinette Prost, directrice du Développement Durable, Groupe AXA

Quel diagnostic faites-vous sur le « désir de santé » ?

La notion même de santé a changé. Du « ne pas être malade », on est passé à l'idée de bien-être physique et moral. Par conséquent, le préventif est en train de prendre le pas sur le curatif. Il y a donc apparition du désir de santé et en parallèle développement d'une demande de produits et de services répondant à ces nouvelles aspirations. À noter que ce développement est à la fois individuel et collectif.

Quelle est la position d'AXA vis-à-vis de ces évolutions ?

Elle est double. En tant qu'entreprise vivant dans la collectivité, membre de la collectivité et assureur, engagée dans le développement durable, nous voulons être des acteurs responsables de cette évolution et y jouer notre rôle. La prévention, l'analyse des corrélations entre comportements et pathologies, tout cela c'est notre cœur de métier. Nous y avons une légitimité professionnelle. Nous voyons bien, par exemple, les conséquences néfastes de certaines pratiques alimentaires. Ce qui veut dire que nous avons le désir de faire évoluer ces pratiques à risques. En outre, en tant que gros employeur, puisque nous avons 16 000 salariés, nous pensons que nous avons une certaine responsabilité vis-à-vis de chacun d'eux et de leur santé. D'où le programme « Mieux-vivre ».

De quoi s'agit-il ?

« Mieux-vivre » est un programme de sensibilisation et d'information destiné à nos salariés. Il s'agit tout d'abord, dans la première phase, de faire comprendre et de faire adhérer aux préoccupations de forme, de qualité de vie, de santé. Ensuite, de montrer les corrélations entre le comportement et les risques de pathologies. Donner des chiffres sur les cancers, sur l'obésité, sur le diabète, pour alerter et convaincre que certaines pratiques peuvent faire largement diminuer les risques. Il ne s'agit ni d'être révolutionnaire, ni de recommander des modifications drastiques des modes de vie, mais plutôt de s'adresser à l'intelligence des salariés.

Quels en sont les résultats ?

Nous sommes en cours d'évaluation de cette première phase. Son succès nous a surpris, tant par le nombre de participants aux séances d'information, que par le nombre très important de connexions au site Internet, l'implication et l'intérêt manifestés. Cela montre deux choses. D'une part, les mentalités ont changé et le désir de santé est très puissant. D'autre part, l'entreprise constitue un lieu légitime pour s'occuper de la santé des gens.

.../...

…/…

En tant qu'assureur, nous nous préoccupons de la santé de nos clients ; il était parfaitement légitime que nous nous occupions aussi de la santé de nos collaborateurs.

Pensez-vous que cela vaut pour toutes les entreprises ?

En positif, l'entreprise est un lieu privilégié d'actions, c'est évident. On y passe beaucoup de temps, on y mange le midi, on se parle, on échange, on communique, les habitudes se prennent, il y a un restaurant, on y fait des pauses… Le terrain est donc fertile. Nous avons les moyens et le lieu. Néanmoins, il y a des limites, en particulier dans l'alimentaire. En effet, les travaux des sociologues montrent que l'alimentation concerne beaucoup la famille, que nous ne touchons évidemment pas dans les entreprises.

Y aura-t-il une deuxième phase dans le programme « Mieux-vivre » ?

Il y a la nécessité d'un échelon complémentaire, appuyé sur la mise en place de la phase de sensibilisation préalable. Nous nous apprêtons en effet à lancer une offre de suivi personnalisé, que chacun sera libre de suivre ou pas, bien entendu. Nous nous adressons ici à l'individu. Aide au calcul de son IMC, mise en évidence d'un problème particulier, accompagnement personnalisé, méthode de travail pour suivre spécifiquement la personne… Il s'agit d'une démarche ambitieuse.

Quels sont les critères de succès d'une telle opération ?

Il doit s'agir d'abord d'une démarche sur le long terme, qui s'inscrit dans une perspective de santé durable, la santé durable étant indissociable du développement durable. Nous visons le court terme, mais aussi le moyen terme et le long terme, la santé des générations futures. Il faut ensuite une collaboration et un engagement de toute l'entreprise, de la médecine du travail à la direction générale, en passant par la DRH.

Quelle est, pour conclure, la mission de l'entreprise dans ce domaine ?

Quand on voit l'évolution de l'obésité dans certains pays, en particulier en Amérique du Nord, on ne peut pas se désintéresser de l'influence des comportements sur la santé. À côté des grands programmes de santé publique, l'entreprise peut agir, doit agir sur ses salariés. Néanmoins, les limites sont évidentes. Il y a de nombreuses cibles que nous ne pouvons pas toucher, et la communication sur la santé est un sujet difficile !

Ressources Humaines et ressource humaine

Jadis, bien après l'époque de la mine, l'entreprise se préoccupait des accidents du travail. Le terme d'accident du travail est né au XIXe siècle. L'entreprise tentait de les comprendre, de les réduire, d'en diminuer les effets, à force de groupes de travail et de commissions unissant des spécialités. On prenait des mesures. Une fois par an, statistiques à l'appui, on se félicitait des résultats obtenus en précisant qu'il faudrait encore progresser... Et chacun repartait vers ses occupations.

Une convergence de phénomènes vint modifier le tableau. La montée du consumérisme, l'intérêt croissant des médias, le poids des associations spécialisées, ainsi que la perspicacité des DRH dans les entreprises ont créé une nouvelle situation. À tel point qu'aujourd'hui, on relève une forte augmentation du nombre d'articles sur le thème des accidents du travail, et du nombre de thèses traitant de ce sujet.

Premier fait, des associations de consommateurs se mettent à défendre plus âprement leurs intérêts. Dotées de budgets, capables de financer des recherches, échangeant des informations avec leurs consœurs internationales, ces associations lèvent des lièvres : elles épinglent tel ou tel secteur, telle entreprise, tel composant, telle méthode de fabrication, telle pratique douteuse. Elles organisent des conférences de presse, mettent en cause des entreprises nommément, interpellent l'ensemble des consommateurs. Elles ne peuvent plus être ignorées et font désormais partie du paysage quotidien. À leur manière, elles font progresser.

Puis, dans la foulée, les médias se sont intéressés peu à peu à la santé et au bien-être, thèmes qui apparaissaient comme mineurs auparavant. Des dossiers entiers, des interpellations, des interviews contradictoires d'experts et de producteurs, des éditoriaux musclés ont envahi notre paysage médiatique. En parallèle, des journalistes spécialisés ont été formés, et souvent les entreprises ont justement contribué à leur formation, espérant que ces journalistes mieux formés seraient moins susceptibles de véhiculer des faits non avérés.

Aujourd'hui, le monde des ONG, des associations dans le domaine de l'environnement, des experts indépendants, des « lanceurs d'alerte » s'est lui aussi structuré. Chacun défend son territoire, expose ses points de vue, argumente, prend place dans le concert médiatique et politique. Ils mettent en garde, ils dénoncent, ils prennent position, ils publient, ils gênent. Ils se présentent souvent comme des David, seuls contre les Goliath que sont les entreprises, les collectivités locales, l'État...

Pour l'amiante, tous les ingrédients d'un mauvais feuilleton sont réunis. D'abord, un inspecteur du travail alerte sur les dangers de l'amiante... Mais en Angleterre, et en 1898 ! Puis lors des Trente Glorieuses, à l'heure où les acteurs de l'industrie du bâtiment dictent leur loi, l'amiante apparaît comme le seul produit isolant disponible sur le marché. On passe sur les risques. Il aura fallu des expertises, contre-expertises, procès et appels pour que la vérité apparaisse au grand jour. On a fermé les yeux pendant des décennies en préférant l'économie à la santé ! Bien plus, il est avéré que les donneurs d'ordre connaissaient quelquefois les dangers inhérents à la manipulation, à la pause et à la présence de l'amiante. Plus question de feindre l'ignorance, plus question de mains sur le cœur et de bons sentiments. C'est de droit pénal qu'il s'agit dès lors.

Dans les grandes entreprises structurées, là où la médecine du travail a toute sa place, là où le CHSCT est écouté, les DRH comprennent vite l'absurdité d'un combat d'arrière-garde et prennent le taureau par les cornes. Avant même la mode des Rapports responsabilité sociale des entreprises, ils mobilisent les ressources pour faire chuter les accidents du travail, mènent des études sérieuses, organisent des campagnes de prévention. L'entreprise, direction générale en tête, prend conscience de l'importance du critère santé. De la gestion des ressources humaines, on s'oriente vers l'opportunité de valoriser au mieux *la ressource humaine*, en considérant la santé non plus comme une contrainte, mais comme une opportunité ! Tel grand industriel de la chimie inscrit toute sa stratégie produit sur la sécurité interne et le développement durable. Tel fabricant de pneumatiques multiplie les avancées sociales, tel constructeur automobile se veut en pointe vis-à-vis de la santé du personnel. Les pionniers ont fait leur travail et entraînent derrière eux le peloton.

Le new deal de la communication interne

Aux États-Unis, le nombre de diabétiques et d'obèses crée un important problème de société. Il atteint également les entreprises, elles-mêmes directement liées au système privé d'assurance maladie. Le lien de causalité entre prévention et maladie étant fortement établi, il apparaît donc comme normal que l'entreprise agisse pour sauvegarder « son » capital, le capital humain. Dès lors, fleurissent, outre-Atlantique, depuis une dizaine d'années des programmes de prévention divers, regroupés sous le vocable de *disease management.*

Sous ce terme, se cachent une nouvelle idéologie et de nouvelles pratiques. L'idéologie est fondée sur la nécessité pour l'entreprise de faire face aux défis des maladies actuelles et potentielles de ses salariés. Doit-elle embaucher les obèses ? Les diabétiques ? Les fumeurs ? Comment doit-elle réagir si elle constate une augmentation sensible du poids de ses salariés, ou une pratique addictive de la cigarette, de la drogue ou de l'alcool ? Que faire lorsqu'un membre du personnel fait manifestement peu de cas de sa santé malgré les conseils avisés des services internes ?

Deux écoles ont vu le jour face à ces questions. La première école est « musclée ». Interdiction d'embaucher un fumeur, un diabétique ou un obèse, questionnaire santé approfondi avant l'embauche. La deuxième tend à proposer des conseils, des programmes, des infrastructures en libre-service aux salariés. On les y incite à fréquenter le gymnase, à suivre des menus diététiques. Un coach conseille les fumeurs repentis, les stressés...

L'opinion publique américaine se dit favorable à ces pratiques, et les salariés concernés se déclarent positifs vis-à-vis de telles mesures. C'est qu'aux États-Unis, l'entreprise est totalement légitime pour s'occuper de la santé du personnel. Des programmes d'information de qualité, un accompagnement personnalisé, des conseils diététiques adaptés, des salles de gym bien équipées... Tout cela joint à une information approfondie du personnel, la volonté et la persévérance des managers, un système de tableau de bord et de suivi, l'implication des dirigeants. Au total, le pari semble gagné dans les entreprises pionnières comme General Motors.

En Europe, beaucoup d'entreprises sont convaincues que la bonne santé des collaborateurs est un atout considérable, mais la situation y est différente. À la couverture maladie obligatoire et généralisée, s'ajoute le rôle des CHSCT, des comités d'entreprise et surtout de la médecine du travail. De plus, la situation statistique y est différente : il n'y pas encore d'entreprise européenne qui renferme en son sein 30 % d'obèses ! Néanmoins, les entreprises européennes bougent. Leurs motivations et objectifs ? L'hygiène de vie dans l'entreprise, la diminution du stress des employés, la baisse de l'absentéisme, le confort psychologique des personnes, la diminution de la consommation de tabac et d'alcool. La fidélisation du personnel liée au sentiment d'appartenance à une entreprise qui prend soin d'eux, l'aide au recrutement de salariés de talents, l'amélioration du climat interne, etc., sont les principales raisons citées par les adeptes du *disease management* à la française.

Pour l'Europe, le modèle reste à inventer. En se fondant sur quelques exemples (Nestlé, Danone, Axa, Crédit Agricole...), on peut cependant se risquer à établir quelques règles. Forte communication interne, volontariat, programmes sur mesure, accompagnement personnalisé, valorisation des participants, créativité dans la mise en œuvre, relationnel et transversalité... vont très certainement constituer les fondements du modèle européen, non pas du *disease management*, mais du *management de la santé*. Comme on l'a vu, la santé n'est pas que la non-maladie !

Santé durable dans l'entreprise : le modèle français

Aujourd'hui, l'entreprise considère qu'au sein de sa politique de ressources humaines, elle doit « s'occuper sérieusement de la ressource humaine ». Le bien-être, la cohésion, la qualité de la relation, la prévention sont des termes que l'on entend maintenant couramment dans les DRH. Le diabète, les problèmes de dos, l'absentéisme et ses causes, le vieillissement de la population et la perspective éventuelle de garder ses salariés plus longtemps, tout cela pose des problèmes opérationnels et concrets de maintien de la productivité. Il faut donc maintenir en bonne santé son équipe, de la même façon qu'un coach sportif veillera, au-delà de l'entraînement technique, à avoir un groupe humain performant et en pleine santé. Mais, contrairement à une équipe de football dans laquelle les membres sont soumis à un régime alimentaire strict et à des entraînements physiques intenses, il n'est pas question d'imposer un tel régime au salarié. On n'est pas dans le registre de l'obligation ou du rapport infantilisant, mais plutôt dans l'accompagnement, dans l'aide, dans la proposition, dans la facilitation. On va aider le salarié s'il le veut, mais rien ne l'y oblige. Le pari va être collectif. On va parier que, sur le moyen terme, une démarche fondée sur l'émulation et sur l'effet d'entraînement, va jouer comme accélérateur. Une nouvelle culture de la prévention, un nouveau rapport à sa propre santé, à son propre corps. Faciliter ce passage à l'homme acteur de sa propre santé, voilà l'enjeu. Là où l'entreprise est la plus légitime, c'est dans le concret, dans la facilitation. On va travailler sur l'offre alimentaire, sur les loisirs, sur l'hygiène de vie, sur la qualité de l'air, sur l'ergonomie, sur la gestion du temps et du repos.

L'expérience montre que l'entreprise ne peut se fonder sur la morale, sur les consignes, sur les injonctions comportementales, mais bien plutôt sur l'apprentissage par l'expérience et la transversalité et le cadre de l'entreprise convient parfaitement à cette approche. Plutôt que de faire entendre de grands messages paternalistes sur le bien-manger, mieux vaut faire les légumes au même prix que les frites à la cantine. Plutôt que de mettre sans cesse la pression sur la productivité, mieux vaut ménager des pauses pour manger correctement et, le jour où le salarié n'a vraiment pas le temps, prévoir des sandwichs anti-cholestérol. Stimuler la consommation d'eau, au moment où le travail est le plus dur. Gérer le temps de relaxation, favoriser la récupération physique, aménager des temps de respiration. Le temps de travail étant souvent raccourci, le stress se développe, car il faut bien faire le boulot. C'est donc bien le rôle de l'entreprise de ne pas faire l'autruche par rapport à cette situation et de travailler, dans l'idéal avec les syndicats, à une réorganisation du travail tenant compte de la santé, du bien-être du salarié dans l'entreprise, et donc au final, de la santé de l'entreprise.

À côté de cela, et en complément, des propositions de programmes personnalisés sont faites aux salariés. Le projet part de la tête de l'entreprise. Il est porté au plus haut niveau. Il s'agit d'un nouveau rôle passionnant pour les médecins du travail, qui vont voir leur rôle étendu. Ils rêvaient d'une prévention plus globale, ils vont ainsi pouvoir jouer leur partition de façon décloisonnée. À l'opposé d'une pratique RH « musclée », où le médecin du travail tentait de jouer un rôle tampon, celui-ci prend une place centrale dans un dispositif où la pérennité de l'entreprise va de pair avec le bien-être du salarié. À une époque où l'opinion publique occidentale craint les effets de la mondialisation de l'économie, on voit bien que la santé interne constitue un élément de réponse pertinent. Pourquoi en effet se focaliser sur le développement durable en oubliant la santé durable ? Pourquoi être obnubilé par l'environnement si l'on en vient à oublier l'homme ?

L'exemple de PSA Peugeot Citroën, qui a participé à mettre au point un nouveau modèle de prévention-nutrition adapté à l'entreprise, démontre que plusieurs principes doivent être respectés. Le projet doit être porté au plus haut de l'entreprise. La médecine du travail doit être impliquée dès l'amont. Toutes les directions doivent se mettre autour de la table et travailler collectivement à ce projet réellement fédérateur. La dynamique positive se fonde à la fois sur l'énoncé d'une politique, mais aussi sur l'addition de petites choses qui en constituent les preuves quotidiennes. Le salarié doit être traité comme une personne entière, sans nier sa vie privée ni sa famille.

C'est dans cette dynamique que l'Agence Protéines a créé le programme PROSPER (programme santé personnalisé). À la fois méthode de mobilisation et outil de sensibilisation multi-cibles, il a pour vocation de toucher chaque personne dans l'entreprise et d'inciter à une meilleure hygiène de vie en favorisant le passage à l'acte dans deux domaines : l'alimentation équilibrée et la pratique quotidienne de l'activité physique.

Aujourd'hui, la prise de conscience du rôle de l'entreprise pour la santé durable est réelle, et des entreprises comme Peugeot, Le Crédit Agricole, Kraft, Nestlé, décident d'adopter ce type de démarche innovante.

Quant au bilan, il est positif à de multiples points de vue. Exemplaire du mode gagnant-gagnant, il constitue pour l'entreprise un investissement rentable. Aider, par exemple, un salarié à perdre 5 % de son tour de taille fait diminuer de 50 % son risque de maladie grave et, de façon importante, les coûts liés à un congé de maladie de longue durée. Faciliter l'accès à l'activité physique, révéler les potentialités de la prévention santé, proposer en libre choix les conseils d'une diététicienne, encourager la dynamique de groupe intersalariés, tout cela va bientôt faire partie de la politique sociale normale de l'entreprise. Soit par anticipation, soit par la force des choses : aux États-Unis, les risques cardio-vasculaires et métaboliques menacent d'ores et déjà un salarié sur deux !

L'avis de l'expert : Jean-Luc Vergne, directeur des ressources humaines, PSA Peugeot Citroën

Quelles sont les grandes lignes de la politique santé de votre groupe ?

Bien conduire sa santé, préparer l'avenir, ces principes participent d'une politique sociale globale intégrant, outre la santé, la sécurité et les conditions de travail pour les salariés de notre groupe. Le groupe PSA considère la sécurité comme une priorité absolue et se donne comme objectif opérationnel le zéro accident. Ce n'est pas un hasard si nous sommes passés du taux de 5,77 en 2002 à 2,35 en 2006. En effet, dans le groupe, le critère sécurité est intégré dans la part variable de la rémunération des cadres dirigeants. De la même façon, nous faisons de gros efforts dans l'amélioration constante des conditions de travail. Diminuer les postes « lourds » qui pourraient devenir pathogènes. C'est le quotidien de nos 70 ergonomes. Toutes ces actions résultent d'un accord sur l'amélioration des conditions de travail, signé avec les organisations syndicales.

Quant à notre politique santé, elle est axée sur deux orientations. La prévention des pathologies potentiellement liées au travail, mais également la prévention des pathologies non directement liées au travail. Quelques exemples : veille sanitaire, médecine du travail, check-up des cadres, vigilance par rapport à la crise aviaire, surveillance de la qualité de l'air dans les ateliers, analyse toxicologique de l'air, prévention des lombalgies, correction du poste de travail lorsque nécessaire, campagnes d'information, etc., figurent parmi nos actions.

.../...

.../...

Dépistage du cancer, sevrage tabagique, vaccination contre la grippe, campagne anti-VIH, santé à l'étranger, etc., figurent parmi nos campagnes de sensibilisation.

Vous venez en outre de démarrer une opération très originale...

Il s'agit en effet de Santal+, qui n'a pas pour objectif de faire maigrir les salariés, mais de promouvoir l'alimentation et l'hygiène de vie, d'inciter à une alimentation saine. Cette opération, développée aux 35 000 salariés de la région parisienne, a vocation à s'étendre à l'ensemble du groupe. Celui qui, sensibilisé par cette approche, veut améliorer concrètement son hygiène de vie, peut effectivement le faire.

Comment cela se passe-t-il dans le quotidien ?

D'abord, dans nos cantines, au self, il y a un stand Santal+. Pour celui qui veut aller plus loin, il peut bénéficier d'un coaching personnalisé par e-mail. Après un bilan et un diagnostic détaillé, nous lui apportons des conseils personnalisés.

Quels sont les résultats ?

La première phase est en cours et nous n'avons pas encore suffisamment d'antériorité pour publier des résultats fiables. Nous tenons des statistiques précises sur toutes les actions du programme santé et connaissons les résultats, par exemple de l'ordre de 32 % de réussite sur les dernières opérations de sevrage tabagique. Nous travaillons en vue d'obtenir des résultats.

Pensez-vous que l'entreprise est légitime pour agir sur la santé ?

Bien sûr, l'entreprise est un lieu de vie, pas seulement un lieu de travail. On ne peut pas se tenir à l'écart des préoccupations de santé. Mais il y a des limites : la vie privée d'un côté, les campagnes de santé publique de l'autre. Nous avons fait le choix de nous focaliser sur notre rôle qui est de préserver le capital santé de nos collaborateurs. C'est un engagement de l'entreprise qui s'intègre à notre responsabilité sociale et à notre politique de développement durable.

Agir et communiquer autrement à l'externe

Les industriels, les distributeurs, les services publics ont l'opportunité d'intégrer la santé dans leurs actions et dans leur discours. Mais tous n'y sont pas préparés. Et il n'est pas simple de parler de la santé. En outre, si chacun doit aborder le sujet, les façons de l'aborder sont multiples. Au travers d'interviews de consommateurs, il est facile de se rendre compte que le concept de santé recouvre un ensemble composite et polysémique. On pourrait le représenter sous forme d'arbre. D'abord les racines, qui renvoient à une représentation archaïque de la santé. Puis un tronc qui représente les stéréotypes de la santé. Enfin, par une série de branches, partant vers plusieurs directions, chacune portant un ensemble de sens particuliers, mais tous actuels du mot santé, témoignant du discours, mais aussi des pratiques de la santé. Au total donc, une demi-douzaine de représentations de la santé qui coexistent, qui cohabitent, et dont les significations s'entremêlent.

Le premier univers sémantique qui ressort de ces interviews renvoie à l'idée d'une santé naturelle et fonctionnelle. On y trouve des termes tels que : organe, circulation, température, pression artérielle etc., suggérant une focalisation sur le côté mécanique du corps de l'homme. Des adjectifs comme « bonne », « mauvaise », « délicate », « précaire, mettent en évidence l'inégalité des hommes devant la santé. Puis des termes qui surgissent aussitôt : soins, malades, blessure, épidémie, mal, souffrance… Les mots nous disent que la santé est un bien irremplaçable (du moment qu'on l'a…), que nous sommes fragiles et que, heureusement, le corps médical est là en cas de coup dur. Si l'on cherche bien, on y trouve aussi les traces de la mise en place de structures : hôpital, service de santé, santé publique, santé mentale, qui renvoient au rôle fondamental que les institutions ont joué dans l'accompagnement et la guérison des malades.

Le deuxième univers lexical rencontré regroupe les stéréotypes de la santé. Des expressions comme « bonne santé », « meilleure santé », « à votre santé », illustrent la précarité de l'état de santé et l'enjeu primordial que constitue une bonne santé. On sent, dans les mots, à la fois combien elle est précieuse et à quel point elle ne tient qu'à un fil. Dans ce registre, la santé est une et indivisible. On l'a, ou bien on ne l'a pas. Hier on l'avait, et demain ? Le monde se divise en deux, comme si la bonne santé était une chance, un heureux coup du sort.

La santé non-maladie constitue en fait la première représentation d'une santé moderne. On commence à se prémunir. Les termes d'hygiène, de vaccination, de prophylaxie, de cure, de remède, de médicament sont associés à la santé. On n'est plus dans la relation aux principes immanents et inexplicables, mais bien dans une acception cartésienne avec des effets et des causes. C'est l'arrivée de « découvertes », de « molécule », de « laboratoire », de « protocole », d'« analyse ». Du médecin, artisan inspiré, on passe à la médecine, monde de la science et de la technique modernes.

La santé bien-être est d'une invention plus récente et correspond à l'évolution de nos modes de vie. C'est l'OMS qui associe le terme de bien-être à celui de santé, démodant brutalement la conception précédente. Les Trente Glorieuses, l'élévation du niveau de vie, les progrès spectaculaires de la médecine et de la nutrition font entrer la sémantique dans une ère nouvelle. Les mots de la santé s'enrichissent : équilibre, absence de douleur, forme, sensation, ego, plaisir, confort, etc., apparaissent. Ils tranchent singulièrement avec le passé.

La santé économique constitue le pendant social de cette révolution sémantique individuelle. Qu'on y songe ! Le terme de santé peut renvoyer à la fois au déséquilibre hormonal et à celui de la Sécurité sociale, au déficit de calcium et à celui de l'assurance maladie, à la prise en charge de nos maux et à celle de nos remboursements !

Aujourd'hui, le terme de santé vit en groupe, entouré d'autres vocables, comme un bouquet de représentations aux senteurs associées, et comme un bouquet de pratiques nouvelles. La santé du retour à la nature est l'un de ces parfums. Non plus la santé naturelle, mais celle de la nature retrouvée et donc reconstruite. La sémantique de la nutrition saine en donne un bon exemple : bons produits du terroir, produits sains, vrais, sûrs, essentiels, produits naturels sans additifs, aliments purs forment la représentation imaginaire du potager familial dont les fruits apportent des trésors de bienfaits, grâce à la lutte contre l'influence néfaste de la technologie.

Si l'entreprise a le choix entre plusieurs positionnements, plusieurs types de discours, la rhétorique de la santé doit en général se trouver au point d'équilibre entre la promesse et l'information. Trop emphatique, le message suscitera le déni. Trop technique, il entraînera le décalage ou la distanciation. Trouver les mots de la santé qui ouvrent la porte du consommateur constitue un exercice particulier.

L'enjeu de la communication de proximité

« *I had a dream…* », j'ai fait un rêve. J'ai rêvé d'un point de vente extraordinaire. En ce moment, c'est la semaine des fruits et légumes. Des producteurs de haricots verts sont là dans les rayons, ils expliquent aux enfants comment éplucher et préparer les légumes. Sont présentés sur l'allée centrale des légumes frais, en conserve et surgelés, posés artistiquement. On dirait un jardin potager. On se croirait à la campagne. Pour chaque légume on distribue une fiche-recette qui explique comment le cuisiner en moins de dix minutes. Plus loin, comme c'est mercredi, il y a un atelier du goût destiné aux enfants. On leur apprend à développer leur palette de goûts. Certains découvrent les délices de la carotte, la texture du chou-fleur, la délicieuse acidité de la tomate, l'odeur caractéristique du poivron. On y entend des rires, on parle plaisir, dégustation, joie de vivre. Un enfant apprend à éplucher une orange, c'est la première fois ! Les mères sentent qu'elles peuvent jouer leur rôle de transmission. Les caissières, associées à l'opération, distribuent des brochures selon le profil des acheteurs, familles nombreuses, sportifs en survêtement, enfants en surpoids... La semaine prochaine sera consacrée à l'activité physique, il y aura un coureur à pied et un footballeur. La dernière étude réalisée sur la zone de chalandise autour de ce supermarché a été éloquente. Activité physique plus importante, statistiques de l'obésité en régression, moindre consommation de médicaments, moins d'absentéisme à l'école et dans les bureaux...

Un rêve vraiment ? Pas si sûr. Ce supermarché fait partie des magasins pilotes qui ont accepté de participer à un programme inspiré de EPODE. À l'origine, en Angleterre et en Suède, des supermarchés ont innové en se positionnant sur la santé publique, la lutte contre l'obésité, l'éducation au goût des enfants, avec un succès important à la fois en terme de santé publique (éducation santé, pathologies, évolution des comportements...) et en termes commerciaux (fidélisation, accroissement de la part de marché, satisfaction clientèle...). Pourquoi ce double succès ? C'est que le point de vente jouit d'un double avantage stratégique : d'abord, une force de frappe importante, ensuite une capacité à faire évoluer les comportements. Cette évolution se fait en douceur et en réseau. Le responsable magasin coordonne les acteurs, et tout le monde joue sa partition avec plaisir et intérêt grâce à l'importance de la mission confiée, du producteur de tomates jusqu'à la caissière en passant par le merchandiser, le chef de rayon et la nutritionniste. Ce qui est si difficile à mettre en œuvre par les grandes campagnes généralistes se retrouve facilité par la proximité physique et psychologique des acteurs. Avec l'aide du groupe, on passe à l'acte ! Autre bénéfice, l'interne. Les métiers de la distribution souffrant quelquefois de dévalorisation, jouer un rôle social valorisant gratifie fortement les personnels qui se sentent utiles, voire indispensables dans ces missions.

Parler santé : priorité à l'interactivité

On l'a vu, les prédispositions, les attitudes, la façon de penser « santé » ont tant évolué qu'il n'est plus possible d'aborder ce thème comme autrefois. Ces prédispositions sont liées notamment à une nouvelle conception de la santé et à une distance vis-à-vis du corps médical et du discours des entreprises ou des institutions.

Aujourd'hui, quatre grands courants structurent l'évolution du discours. D'un discours de groupe, on passe à une parole individuelle, d'un sens unique à une attente de réciprocité, à une demande plus forte d'intensité, à l'explosion de la notion de communauté.

Autrefois, le discours santé était un discours du *vous*. On parlait globalement à des patients ou à des consommateurs sur des thèmes transversaux, les concernant d'égale façon. Il s'agissait de consommer tel produit alimentaire, de modifier tels comportement, de respecter telle consigne générale. Aujourd'hui, la principale revendication concernant la santé est la prise en compte de l'individu dans son entièreté. La santé n'est plus collective, elle est individuelle. Le discours santé ne peut plus être global, il est personnalisé, c'est l'ère du *je*. La première fonction de la marque, donc, celle qui veut communiquer durablement avec l'individu-consommateur, c'est de lui indiquer qu'elle l'écoute en tant que personne, qu'elle la considère, qu'elle fait cas de son opinion, de ses freins, de ses motivations, voire de ses erreurs ou méprises. Si cette condition est remplie, alors le contact puis le lien peuvent s'instaurer. Là seulement, l'entreprise pourra faire passer des messages sur ses produits, l'institution pourra lancer des campagnes. Bien évidemment, le ton de la communication, les vecteurs de la communication ainsi que son contenu seront fortement impactés par cette nouvelle donne.

Le sens unique, le *one way*, constitue un deuxième front du refus, et donc une impasse. La préoccupation santé est si forte aujourd'hui, si impliquante pour la personne que la passivité devant le discours, en particulier publicitaire, n'est plus possible. Qu'une marque puisse penser qu'il suffise d'une consigne comportementale, d'un argument produit pour le faire acheter est presque insultant. L'homme a besoin de réagir, de s'exprimer, de manifester ses doutes, de commenter, de poser des questions, de faire passer ses craintes, de s'auto-interroger, avant de commencer à pouvoir réagir en termes de consommation. L'attente de réciprocité ou d'interactivité devient donc la deuxième règle de la communication, alternative à la communication descendante. Bien sûr, il est plus difficile de circuler sur une route communautaire, encombrée, à double sens, humaine en quelque sorte, que sur une autoroute froide et désertée. Mais c'est la condition *sine qua non* du succès dans la santé.

Il n'y a pas si longtemps, les entreprises et les agences de publicité vivaient dans le mythe du « contact », concept exprimant le fait que le consommateur ait été potentiellement en contact avec le message grâce au média utilisé ; on parlait ainsi de « nombre de contacts » ou de « contact utile », exprimant ainsi la seule dimension quantitative. Aujourd'hui, les experts en communication préfèrent parler d'intensité du contact, exprimant ainsi non seulement le volet quantitatif, mais surtout sa dimension qualitative. Dans quel état d'esprit le consommateur reçoit-il ma proposition ? Le laisse-t-elle froid ? Impliqué ? Passif ou actif ? Va-t-il réagir ? On voit bien que l'enjeu est d'importance et qu'il faut chercher là une bonne part des 50 % de budgets publicitaires gaspillés, « chers » à feu John Wanamaker[1] ! L'intensité du contact va notamment expliquer la potentialité de la communication marque/récepteur à le faire bouger, voire à le transformer à son tour en émetteur. Chacun sait qu'on ne se convainc soi-même qu'en tentant de convaincre les autres. De même, dans la communication santé, faire parler, faire émettre des signes, faire réagir est la base même d'une communication réussie.

La dernière règle de la nouvelle communication santé concerne elle aussi la façon dont le message est traité par celui qui le reçoit. L'individu ne veut plus être seul devant les problématiques santé. Il veut s'exprimer, trouver à qui parler, échanger, trouver d'autres personnes aux préoccupations semblables pour échanger des expériences. Cette attitude n'est possible qu'avec des « pairs », sans barrière hiérarchique ou de savoir. L'homme moderne les trouve dans l'omniprésence des communautés, concrètement disponibles sur Internet. Chaque jour, 25 % des femmes enceintes communiquent entre elles et échangent questions, doutes, incertitudes sur leurs sites communautaires. Chaque jour, des milliers de victimes de maladies orphelines, regroupées dans des centaines d'associations plus ou moins formelles, s'échangent des questions et des tuyaux. Chaque jour, des dizaines de milliers de diabétiques rompent leur solitude de la même façon. Trouver des gens avec qui partager est devenu possible et nécessaire. Le goût est pris, le pli est pris, le parti est pris. Le prétendu récepteur de message isolé et passif a disparu corps et biens. La communication santé ne peut pas ne pas passer par la communauté. D'ailleurs, les deux mots n'ont-ils pas la même racine ?

Nouvelle façon d'envisager la communication, nouvelle façon de s'organiser, nouveau ton, nouveau mode de dialogue, nouveau récepteur même... le nouveau cahier des charges des communiquants santé est devenu un véritable défi.

---

1. John Wanamaker (1838-1922), homme d'affaires américain, considéré comme le père de la publicité moderne.

Quand la purge facilite le dialogue santé

La communication santé résiste mal à l'absence de sincérité et d'écoute. Le flux d'information n'est plus en sens unique et l'individu a besoin de s'exprimer, de dire ses croyances et ses doutes. Le cas d'Actimel, dont on connaît le formidable succès, illustre ce que peut donner un bon dialogue.

Face à des rumeurs négatives, des doutes sur l'efficacité du produit, des scepticismes, la marque adopte la stratégie des « bienfaits de la scène de ménage », où l'expression du ressentiment génère une reprise du dialogue. Pour ce faire, Danone provoque des rencontres, écoute les doléances, réunit les sceptiques autour de diététiciennes et, *in vivo*, anime un débat d'opinions. Cette phase réalisée, et l'écoute rétablie, un travail d'explications scientifiques et une démarche de confiance peuvent démarrer.

Corinne Robin, directeur communication et nutrition de Danone France, explique : « *Au cours de ces réunions, aucune censure ! Nous sommes là pour tout entendre, tout recevoir : les critiques, les doutes nous intéressent autant que les compliments. Nous construisons ainsi une relation de confiance basée sur une meilleure écoute respective* ».

C'est ainsi que les nouveaux convertis deviennent naturellement de nouveaux ambassadeurs.

La révolution du Web 2.0

Le Web constitue une nouvelle donne dans la communication santé. Mais outre son adaptation parfaite à ce domaine si particulier, on va voir que le monde de la santé s'oriente naturellement vers un modèle de Web, et plus spécialement le Web 2.0. Deux évolutions différentes expliquent cette naissance : d'une part le passage d'une conception « vitrine » du Web à une conception collaborative ; d'autre part le constat que les progrès dans le domaine de la santé passent par l'inter-action de l'individu et du groupe.

Le mouvement collaboratif sur le Web est un phénomène spectacu-laire. Les sites marchands de première génération, sites vitrines, sites catalogues enregistrent des dizaines de milliers de visites par mois, alors que les sites communautaires, ceux qui génèrent de l'échange, de la proximité, du dialogue connaissent les mêmes chiffres chaque jour ! Dans ce cas, les personnes sont leurs propres médias, elles partagent leurs expériences, construisent, participent. Le domaine de la santé n'échappe pas à cette règle.

Le progrès individuel/collectif est un phénomène spécifique à la santé. On sait bien sûr que tout phénomène de changement passe d'abord par l'individu. Comportement, attitude, système individuel de valeurs, défenses personnelles, inhibitions intimes… Mais on constate aussi que ce volet individuel est insuffisant. Que le groupe est indispensable dans les stratégies de perte de poids, de lutte contre l'alcool, de sevrage comme le tabac. Dans ce cas, le groupe agit comme accélérateur, il donne confiance, il rompt l'isolement, il contribue à la pérennité d'une dynamique qui, sinon, resterait caduque. À une époque de perte de crédibilité du politique, voire du publicitaire et du marketeur, on fait confiance avant tout à ses pairs pour aller de l'avant. Dans la santé, l'accélération de la création de communautés est spectaculaire.

Les phénomènes décrits ci-dessus constituent ensemble un cahier des charges complètement nouveau pour les entreprises, qui veulent avoir une influence forte et pérenne sur les consommateurs, les patients, et les citoyens dans le domaine de la santé. Il s'agit d'abord de maîtriser à la fois le passage d'un discours marchand à un discours d'écoute, d'une logique d'émetteur à une logique de récepteur-animateur, d'un langage argumentatif à un langage de clan, d'une rhétorique du superlatif à une rhétorique de la crédibilité. C'est un premier savoir-faire. Ensuite, il faut imprégner les groupes, y jouer un rôle utile, qui ait du sens, une fonction sociale et individuelle, comme proposer un expert, un animateur, un modérateur, un organisateur, la fonction variant suivant les demandes. Il s'agit là d'un autre métier nécessitant d'autres savoir-faire. Enfin, il faut permettre de dresser des ponts entre le monde virtuel et le monde réel. *Nous nous sommes connus sur le Web. Retrouvons nous dans la vraie vie.* Ce qui pourrait apparaître comme un slogan pour un site de rencontres va fonctionner dans l'avenir pour nombre d'entreprises désireuses de rencontrer physiquement, dans des contextes non marchands, des clients en quête de dialogue et de proximité réelle. Discuter avec des personnes choisies de l'utilisation d'un produit, d'évolution des habitudes, d'acquisition de nouveaux comportements, de choix de vie, cela ne peut se réduire à un linéaire d'hypermarché ni à un écran d'ordinateur. Pour caractériser ce mouvement complexe, on pourrait parler de stratégie santé « on life ». Le « on life », c'est d'abord bien sûr le « on line », car il n'existe pas d'autre entrée aussi efficace. Mais c'est aussi la vie, concept qui intègre, outre la santé, le plaisir, l'unicité de la personne, la réalité de chacun.

L'avis de l'expert : Cédric Tournay, président et co-fondateur de Doctissimo

Comment analysez-vous le phénomène de la montée du désir de santé ?

C'est un phénomène ancien, mais qui s'est cristallisé ces dernières années. En positif, la préoccupation de soi, l'idée de développement personnel, les progrès de l'émancipation individuelle, l'extension de la notion de bien-être, la recherche de la sécurité, tout cela entre en résonance. En négatif, les pathologies de la modernité, la prise de conscience de certains caractères négatifs des progrès techniques, les conséquences du vieillissement de la population. Ces deux logiques se combinent pour générer une préoccupation qui n'a jamais existé à ce niveau dans toute l'histoire de l'humanité ! Aujourd'hui la santé fait largement consensus : les lois anti-tabac, les contraintes liées à la sécurité routière, à l'alcool, à la pollution sont admises par tous et toutes. Il y a seulement dix ans, elles auraient fait l'objet d'un véritable tollé !

Quelles en sont les conséquences pratiques dans la santé ?

Les Anglo-Saxons appellent cela « *l'empowerment* » : le patient prend le pouvoir dans le système. Il veut être informé, pouvoir choisir, dialoguer d'égal à égal, connaître les effets négatifs des médicaments, être sensibilisé sur les risques réels, comparer les solutions, participer aux choix stratégiques. De plus, comme la demande de santé est infinie, la demande d'information santé est elle aussi infinie. La santé se trouve d'ailleurs au cœur de la plupart des grands débats de société contemporains, qu'il s'agisse de la protection de notre environnement, de l'épidémie d'obésité à laquelle nous devons faire face ou encore des enjeux du vieillissement.

Comment se situe Internet par rapport au phénomène d'empowerment ?

En matière de santé, l'Internet représente une véritable révolution, car il est le média le plus puissant et le mieux adapté aux besoins des individus. C'est le seul endroit où il est possible de trouver une réponse à n'importe quelle question, 24 heures sur 24, gratuitement, en toute confidentialité. Aucun autre média ne peut revendiquer cette qualité. J'ajoute que le Web est un média fondamentalement démocratique. En offrant une information universelle et de qualité à tous, sans distinction, le Web casse les asymétries d'information et provoque de multiples réaménagements au sein de la société civile.

Doctissimo se positionne sur ce courant d'empowerment ?

Certainement. Doctissimo accueille plus de 5 millions de visiteurs uniques par mois, ce qui témoigne à la fois de notre influence et de l'appétence des Français pour les questions relatives à la santé, prise dans son acception la plus large : nutrition, psychologie, grossesse, forme, sexualité, etc.

.../...

.../...

Dès notre lancement, en 2000, nous avons cherché à apporter aux internautes une information exhaustive et de qualité. Nous nous efforçons, jour après jour, d'améliorer nos services pour conserver la confiance de nos internautes. Nous proposons également de nombreux services communautaires (forums, blogs, etc.) pour permettre aux personnes de communiquer entre elles. Les internautes échangent des conseils, des avis, ils se soutiennent mutuellement. Sur Doctissimo, 150 000 messages sont déposés chaque jour dans les forums. Cela montre la richesse et l'intensité de la vie sociale qui s'organise au travers du réseau Internet. Contrairement à ce que disent certains technophobes, le Web crée du lien social, il donne lieu à de nombreuses rencontres dans la vie réelle et sert à organiser toutes sortes d'activités collectives, des randonnées aux cours de cuisine en passant par les goûters d'anniversaire pour les enfants. Chaque jour, nos communautés sont à l'origine d'une centaine d'événements, organisés un peu partout en France. Notre rôle consiste à offrir aux internautes des outils et des services qui permettent d'organiser cette communication et ces rencontres.

Quelles sont les conséquences de ce type de pratique sur la vision-santé et le comportement des personnes ?

Cela génère un impact très important, en créant une information et un échange préalables qui permettent au patient de mieux dialoguer avec son médecin. C'est l'outil complémentaire de la consultation, qu'il permet de pacifier, d'améliorer, de structurer. Le Web a permis aux gens de se décomplexer et de se prendre en main.

Le rôle joué par le Web est donc complémentaire de celui des professionnels de santé ?

Absolument. Les internautes ont pris l'habitude de recourir aux services Web avant et après une consultation chez leur médecin. Idem pour une opération. Lorsqu'un médecin apprend à un patient qu'il a du cholestérol, une nouvelle vie commence. La plupart d'entre nous a envie de comprendre la pathologie dont il est question, les examens prescrits, le mode d'action des traitements et, plus globalement, l'impact d'une telle annonce sur la vie quotidienne – l'alimentation, par exemple. Les médecins sont satisfaits, pour la plupart, de trouver face à eux des patients mieux informés et mobilisés. En matière de prévention, d'observance et d'hygiène de vie, les services Web tels que Doctissimo viennent en soutien de l'action des médecins et des messages de santé publique.

Dans l'avenir, quelles évolutions imaginez-vous ?

D'abord, un développement du courant consumériste dans la santé, surtout chez les jeunes. Tout le monde va y gagner. Sur le Web, la communication entre les médecins et les patients est appelée à se développer.

.../...

.../...

Elle sera notamment favorisée par le développement du dossier médical personnel sur Internet. Le développement des nouvelles technologies devrait en outre induire une pression pour faire évoluer les pratiques et la législation vers davantage de transparence et d'évaluation. Enfin, grâce au développement prodigieux des réseaux et de la puissance des machines, d'importants progrès seront réalisés dans le domaine de la télémédecine et de la domotique, par exemple, pour améliorer la prise en charge à domicile des personnes âgées. Les outils émergents permettront de réaliser d'énormes gains en matière de productivité et de qualité : monitoring, aide au diagnostic, suivi des prescriptions, etc. Ces progrès permettront aux professionnels de santé de consacrer davantage de temps à l'accompagnement des patients, aux rapports humains. Il y a des choses que les machines font mieux que les hommes. Cela libère du temps pour les tâches que les hommes font mieux que les machines !

Corporate et commercial, la complémentarité

Il existe un moment où la communication corporate devient le fondement même de la communication produit. Un moment où le discours publicitaire classique, fait d'une dose d'exagération et de distance par rapport au réel, plombé par un paramètre d'incrédibilité, est remis implicitement en question. En face, le discours corporate, lorsqu'il rencontre le consommateur, et qu'il n'est pas uniquement le reflet obéissant de la pensée des marketeurs, mais appuyé sur des fondements scientifiques inattaquables. Un moment où le public prend conscience que l'entreprise prend soin de lui, qu'elle se préoccupe de sa santé, de son bien-être. Et là, dans certains cas, au travers d'une communion avec le public, la publicité commerciale « matraquante » demande l'aide d'une communication corporate simplement impliquante. L'exemple du renversement de tendance Arachide/Tournesol, reflet de la guerre Lesieur/Unilever est une illustration particulièrement éclairante de ce phénomène.

Arachide vs. Tournesol

Nous sommes au début des années 80, époque où l'huile d'arachide règne en maître dans les rayons des hypermarchés français. Le leader Lesieur reste axé sur les qualités intrinsèques de ses produits. Son concurrent Unilever fait l'hypothèse suivante : la santé va devenir une préoccupation montante, partagée largement, que l'on soit bien portant (pour l'instant) ou malade.

•••

● ● ●

Or, ses nombreux chercheurs, médecins, nutritionnistes et chimistes démontrent l'intérêt d'une huile riche en acides gras insaturés, par rapport à une huile riche en acides gras saturés (les molécules de triglycérides saturés se collent les unes aux autres et finissent par adhérer aux parois des artères, créant des « bouchons » générateurs d'accidents cardio-vasculaires). L'huile d'arachide de Lesieur est riche en « mauvais » triglycérides saturés ; l'huile de tournesol de Unilever en « bons » triglycérides insaturés, plus souples, moins sujets à l'adhérence.

Et là, Unilever va faire preuve d'une audace incroyable. Alors même que cette problématique ne touche en réalité qu'une petite proportion de la population (certains hommes de plus de 55 ans), l'entreprise va lancer une large campagne sur le thème de la nutrition et des conséquences préventives positives de l'huile de tournesol. Après une communication ciblée auprès des nutritionnistes (l'opération 1 000 chercheurs), le professeur Tournesol apparaît sur les écrans de télévision et la déclare « légère, légère »… dans une rhétorique simple, compréhensible, étayée. Les « blouses blanches » d'Unilever, sa communication ciblée sur les médecins et les nutritionnistes, l'image d'une entreprise se préoccupant de la santé des consommateurs, tout cela va balayer le discours produit de Lesieur. La part de marché de Lesieur arachide passe de 60 % à 20 %, et Unilever entame un processus inverse.

Premier cas de guerre économique fondée sur les arguments santé, premier cas de bataille commerciale gagnée par une approche corporate, la bataille Tournesol/Arachide illustre bien le nouveau cahier des charges de la communication corporate, ainsi que l'élargissement des missions du corporate, plus guère limité à l'image institutionnelle, mais au contraire mobilisé comme le cœur de la stratégie de l'entreprise.

- Première règle : le thème de la santé est tellement large, partagé, transversal, il correspond à un tel potentiel motivationnel, à une telle capacité de projection de l'individu, qu'il constitue un levier majeur sur une très large gamme de produits, de secteurs et de services.
- Deuxième règle : le grand public, pourvu qu'on sache lui parler, est parfaitement à même de comprendre des problématiques sophistiquées (comme par exemple la différence entre les corps gras saturés et insaturés) et adapter ses comportements en conséquence.

- Troisième règle : la communication santé est génératrice de changements de comportement réels et prolongés, plus efficace que le modèle classique argumentation/adhésion instantanée.
- Quatrième règle : la posture « corporate » d'une entreprise se préoccupant réellement de la santé du consommateur, et qui le prouve, peut susciter au final davantage de crédibilité et d'effets qu'une posture produit purement déclarative.

Tel est le nouveau cahier des charges de la communication corporate des entreprises, du moins de celles qui veulent vraiment se préoccuper de santé. Agir, prouver, démontrer scientifiquement, convaincre un cœur de cible impliqué, puis par un processus progressif de contagion et d'élargissement (qui peut le plus peut le moins) gagner des batailles économiques, mais aussi sociales et sociétales (car aujourd'hui, qui a contribué le plus à la sensibilisation du public aux maladies cardiovasculaires et au rôle préventif des régimes alimentaires ?).

L'efficacité des modèles de prévention

Le modèle actuel de la prévention est quelquefois inspiré de son histoire récente. La prévention (du latin *praevenire*), action de devancer, se protéger des maladies, va dans un premier temps faire essentiellement appel au corps médical. Les scientifiques prennent le problème à bras le corps, car il faut protéger les populations, et dépister les maladies.

La vaccination permit, dans un premier temps, d'organiser de grands rassemblements de populations afin de convaincre de la nécessité de ces démarches. Ces vaccinations permirent d'éradiquer de nombreuses maladies. Certaines opérations de masse, conjointement aux épidémies, ont laissé des traces fortes dans les esprits ; dans notre inconscient collectif, les deux s'entremêlent souvent. L'image du corps véhiculée est celle d'un corps partiel, malade, faible, incapable de se défendre seul.

En parallèle, on peut aussi évoquer les premières campagnes d'éducation sanitaire, dans lesquelles les messages véhiculés ressemblaient à de simples recettes : se laver les mains, ne pas cracher dans les lieux publics… L'hygiène indispensable et la peur du microbe tenaient lieu de stratégie de communication. Les comportements qui posaient problème n'étaient pas pour autant modifiés.

Ce premier modèle de la prévention peut ainsi se résumer : une prévention de masse, comportementale, totalement aux mains du politique et du médical, où l'individu n'a pas de rôle actif, et dans lequel l'action de prévention est fortement associée à la peur de l'épidémie. Malheureusement, nous en sommes presque encore là aujourd'hui.

Cependant, la proclamation de la charte d'Ottawa, promulguée en 1986, allait introduire le concept de promotion de la santé. Elle précisait : « *La promotion de la santé est un processus qui confère aux populations les moyens d'assurer un contrôle sur leur propre santé et d'améliorer celle-ci* ». On constate plusieurs avancées considérables dans ce texte, puisqu'il permettait d'oublier les messages terrifiants basés sur la peur des microbes véhiculés par le corps médical, pour une approche plus positive et plus globale. Il permettait en outre aux différents publics d'avoir une part active vis-à-vis de leur propre santé. Enfin, l'individu commençait à y être considéré comme l'acteur central.

Par rapport à ce constat, pour les communicants ou pour les décideurs de campagnes de prévention, plusieurs axes nous semblent devoir être explorés. Le passage d'une prévention collective à un modèle individuel ou ciblé ; d'une prévention médicale à un modèle inspiré de la santé communautaire ; d'une prévention négative à une prévention positive.

Examinons tout d'abord le modèle individuel ciblé au travers de l'exemple des programmes éducatifs. On enseigne à l'école l'équilibre alimentaire, l'utilité d'un sport bien pratiqué, les méfaits du tabac et de l'alcool, sans oublier de parler de sexualité et de moyens contraceptifs.

Des circulaires invitent les acteurs de l'éducation à créer des clubs de santé et d'autres structures dans lesquels les jeunes peuvent échanger autour de leur santé. Mais, malgré ces différents cadres institutionnels, on constate encore des grossesses non désirées, une consommation excessive de tabac et d'alcool, voire de produits illicites, et bien d'autres problèmes plus ou moins graves. La survenue du Sida dans les années 80 a conduit parents, médecins et éducateurs à s'interroger. Que faire et que dire pour que ce jeune public mette en pratique les discours de prévention savamment véhiculés ? Après plusieurs années de pratiques, il est possible aujourd'hui de tirer certaines conclusions. Les pratiques pédagogiques méritent d'être innovantes si l'on veut séduire ce public. Il faut aussi que les jeunes participent d'une façon active : la santé préventive doit s'enseigner dès la petite enfance afin de ne pas se heurter à des difficultés de changement de comportement. Ce sont les jeunes qui à leur tour véhiculeront auprès de leurs parents des messages de bonne conduite et de bien-être.

La démarche de prévention, fondée sur le modèle de la santé communautaire constitue un deuxième axe de réflexion.

Il devient de plus en plus clair aujourd'hui que la stratégie de prévention doit passer aussi par des groupes homogènes. Un message unique véhiculé par la télévision ne peut pas tout faire. Par exemple, 15 % des obèses français habitent en Seine-Saint-Denis. Et les campagnes nationales censées les informer vont toucher essentiellement les catégories aisées, éduquées, déjà convaincues. Les conséquences de certaines de ces campagnes ? On renforce les bons comportements santé essentiellement dans les couches favorisées.

Prévention positive

La prévention positive constitue une troisième possibilité. L'approche négative tire son origine du contexte anxiogène ambiant autour de la santé et de la maladie. Face à cette ambiance, certains acteurs pourraient avoir tendance à répondre en encourageant cette prédisposition. C'est la stratégie du docteur Knock. *C'est grave, mais je peux vous guérir.* Cette approche est contre-productive à plus d'un titre : elle déresponsabilise la personne, elle contribue à renforcer un état de peur négatif, et elle agit ponctuellement, non globalement. La déresponsabilisation est patente. On fait croire qu'un remède magique existe pour chaque risque ou chaque pathologie, alors que l'on sait bien qu'au contraire seule une approche responsable, active, volontariste est efficace dans la durée.

Une autre approche, mise au point depuis plusieurs années, consiste à combiner plusieurs paramètres. L'information, l'encouragement à l'action, la proposition de clefs de compréhension, et la mise en scène de la joie de vivre. Bien sûr, ces paramètres se conjuguent différemment, avec des poids variés selon les cas.

L'avis de l'expert : Philippe Lamoureux, directeur de l'Institut National de Prévention et d'Éducation pour la Santé

Qu'est-ce que « la nouvelle santé » ?

Le désir de santé a toujours existé. Il suffit de relire Hippocrate et Platon pour s'en convaincre. Ce qui change la donne aujourd'hui, c'est la conjonction de plusieurs facteurs. D'abord, l'évolution parallèle des progrès de la médecine et de la communication, qui se renforcent l'un l'autre par effet de résonance. En témoigne le succès des articles, des émissions et des dossiers qui fleurissent dans les médias sur ces thèmes.

.../...

.../...

Puis la remise en cause des modèles pédagogiques traditionnels, dans lesquels la relation sachant/patient est peu à peu détrônée par le modèle participatif. Le patient veut aujourd'hui être acteur de sa propre santé. Enfin, comme nous vivons dans un monde en meilleure santé, la mauvaise santé semble relativement moins acceptable, de la même façon que dans une société moins violente, la violence résiduelle apparaît insupportable. Tous ces phénomènes génèrent une acuité particulière envers les thèmes de la santé.

Qu'est-ce qui change concrètement ?

On ne pense plus uniquement l'état de santé sur le mode individuel mais également sur le mode collectif, c'est-à-dire qu'il y a une attente d'environnement sain. On le voit bien au travers des exemples de la sécurité routière, de la suppression des distributeurs de produits sucrés à l'école ou bien de l'interdiction de fumer dans les lieux publics.

La santé ne se définit plus seulement par rapport à la maladie ; il faut d'abord rester en bonne santé. On enregistre des résultats spectaculaires dans les politiques d'éducation pour la santé quand on y met les moyens. On voit les comportements changer : moins de morts sur les routes, baisse de la consommation du tabac et de l'alcool, début de changement d'attitude en matière de nutrition. Néanmoins, la limite à ces réussites, c'est que ces changements concernent davantage ceux qui sont déjà les plus instruits, les mieux informés. Pour les autres, il faut inventer de nouvelles méthodes, axées sur la proximité, la capillarité. Des recherches d'actions sont en cours, mais nous n'avons pas encore de modèles prédictifs de comportement pour ce type de populations. Des progrès restent à réaliser.

Qu'induisent ces changements de comportement ?

Ils nous amènent à réfléchir à la relation à la norme et à des consignes de comportement trop segmentées. D'abord, si nous n'y prenons pas garde, nous risquons de créer une société normée à l'extrême, où la pression pour ne pas fumer, ne pas boire, manger peu, etc., va générer des réactions de rejet. Ensuite, il faut avoir une approche globale, réfléchir en termes d'interactions entre les déterminants de santé et donc ne pas se contenter de batailles ponctuelles : chez les adolescents, par exemple, avoir des obèses en moins constitue un objectif louable, à condition de ne pas avoir de dépressifs en plus !

Comment vont évoluer dans l'avenir les méthodes de prévention ?

Le domaine de la prévention est un immense espace qui reste encore à défricher. Nous avons la chance d'avoir maintenant en France un portage politique au plus haut niveau, qui vise à promouvoir une culture de prévention.

.../...

.../...

C'était une étape nécessaire, mais il nous reste à mieux rapprocher la prévention du citoyen. Il n'y a pas de prévention sans proximité. Cela veut dire mieux prendre en compte les déterminants collectifs, et entrer dans les milieux (écoles, entreprises, collectivités...). Montrer aux entreprises, par exemple, que s'occuper davantage de la santé des salariés représente un investissement rentable et non une dépense. Dernier point, travailler sur les territoires. Dans ce cas, la mise en place des schémas régionaux d'éducation à la santé constitue l'outil d'action le plus pertinent. Elle permet en effet de raisonner en termes de territoire de santé. La qualité, l'accessibilité et l'efficience de l'organisation sanitaire, l'organisation territoriale des moyens, les échanges et la communication avec le grand public, tout cela concourt à des progrès réels.

Marque et marketing à l'ère de la santé durable

Dans la société postindustrielle dans laquelle nous vivons, ce ne sont plus seulement les industries qui génèrent de la croissance, mais aussi les nouvelles opportunités suscitées par la demande sociale. Les chiffres sont éloquents. Dans nos pays développés, plus la population des seniors se développe, plus les pays sont riches dans l'absolu, plus la demande de services et de produits santé croît. Les dépenses augmentent logiquement et rien n'arrêtera cette évolution positive. En 2003, les pays de l'OCDE ont consacré environ 9 % de leur PIB aux dépenses de santé, soit deux points de plus qu'en 1990. Et les différentes mesures restrictives n'y changent rien : aucun pays n'est capable de renverser cette tendance lourde. Une fois les populations vaccinées, l'hygiène installée, la sous-nutrition éliminée (sans oublier les laissés pour compte, les travailleurs pauvres, les sans domicile fixe, les femmes seules avec enfants mais sans travail...), il reste à lutter contre des maux d'une autre nature. Obésité, cancers, sédentarité excessive, comportements à risque, nouvelles maladies liées à la pollution. Or, ces nouveaux maux nécessitent des réponses d'une autre nature mobilisant les personnes. On assiste à ce phénomène totalement inédit : à une demande importante et en forte croissance répond une solvabilité faible de la part des États, incapables de faire face à cette explosion, alors même que les populations demandeuses de services de santé sont, elles, souvent solvables ! Les entreprises doivent donc très sérieusement étudier ce phénomène. *Toutes* les entreprises, car elles vont devoir, chacune dans leur sphère, intégrer ces attentes, véritables relais de croissance. Quelques exemples : l'industrie agroalimentaire, qui devient un partenaire de la santé ; la grande distribution, qui accompagne la mutation du client et lui apporte des conseils de proximité ; les transports, l'énergie, l'aménagement de la maison, etc., sont concernés.

De fait, on pourrait distinguer deux marchés de la santé. Un marché primaire de la santé, domaine classique fondé sur les soins, la maladie, les médecins, les médicaments... Ce marché représente déjà environ 1,4 million d'emplois, et plus de 5 % du PIB français. Un marché secondaire de la santé, fondé sur la prévention, l'alimentation, l'activité physique, les services à la personne représenterait au moins 4 % de plus : 2 % pour l'industrie, 1 % pour les services, 1 % pour le commerce de détail. (Eurostat nous indique, par exemple, que le marché des ingrédients santé, probiotiques, prébiotiques, phytostérols, fibres alimentaires, oméga 3, oméga 6... atteint déjà un chiffre d'affaires d'environ 10 milliards d'euros et que son taux de croissance serait de 15 %). Dans le premier cas, ce sont les institutions qui assurent la régulation. Dans le deuxième, c'est essentiellement l'individu-consommateur face à l'entreprise.

Aujourd'hui, les statistiques ne permettent pas vraiment de mesurer l'importance et la croissance du phénomène. En effet, la fabrication de savons et parfums est mélangée avec les chiffres des détergents, par exemple, et les articles de sport côtoient les jeux et jouets. Mais l'observation quotidienne le montre bien : salons de coiffure, instituts de beauté, services à domicile, bronzage, produits de soins, services liés à l'activité physique, tout cela bouge très vite.

Le vieillissement de la population augmente les dépenses de santé de façon quantitative et qualitative (on dépense plus longtemps, et on dépense chaque année davantage au fur et à mesure du vieillissement). Si la richesse améliore l'état de santé objectivement, elle génère des effets pervers (sédentarité, pollution...) et accroît la demande de produits et services de santé. Plus la santé des habitants d'un pays s'améliore, plus la demande de santé s'accroît et plus elle génère un déficit financier pour l'État, générant ainsi des transferts vers le privé. Enfin, ce tropisme universel vers la santé est en train de modifier la demande des consommateurs et les propositions des entreprises dans bon nombre de secteurs. La nouvelle santé va donc être amenée à jouer un fort effet de levier sur la croissance.

La santé, moteur du changement dans l'entreprise

Pourquoi changement et santé sont-ils indissociables ? Si l'on se place du point de vue de l'individu, l'information santé est une donnée récente qui n'est pas encore enregistrée dans nos inconscients. Le savoir manger n'est pas inné, il est même souvent en contradiction avec nos habitudes ancestrales. La prévention n'est pas une habitude naturelle, elle nécessite souvent un effort. Enfin, arbitrer entre un plaisir momentané et une souffrance – même légère – pour la conserver n'est pas chose facile.

Pour le consommateur, c'est la même chose. Aller directement vers le produit bon marché, ou facile à préparer, appétissant, à forte notoriété est beaucoup plus aisé que de poser l'équation suivante : comment ce produit est-il fabriqué ? Quelle est sa composition ? Est-ce bon à terme pour moi ? A-t-il réellement rempli son office ?

Pour l'entreprise, il faut bien reconnaître que, soumise à des contraintes techniques, juridiques et financières de toutes sortes, penser à la santé de ses collaborateurs et de ses clients ne va pas de soi. On va avoir tendance à respecter la législation (ce n'est pas toujours si facile), plutôt qu'à aller au-delà du minimum. D'autre part, intégrer la dimension santé dans un produit dont la fonction n'a rien à voir *a priori* avec la santé n'est pas non plus un exercice aisé.

La maîtrise des processus de changement à tous les niveaux est indispensable. Il n'y a pas de stratégie santé sans stratégie de changement. Comment concevoir ce changement ? L'univers de la santé interdit selon nous les stratégies dites « passives », c'est-à-dire les systèmes où les personnes sont inactives et seraient donc contraintes à changer. Au contraire, la santé nous pousse à rendre les personnes physiques ou morales (individus, consommateurs, citoyens, entreprises) co-acteurs du changement.

Voici pourquoi les approches que nous proposons mettent en œuvre à la fois des processus d'information et des mécanismes d'adaptation. Elles sont toutes fondées sur des interactions, sur des dialogues, des échanges, des processus actifs de partage ou de réflexion. La technique du coaching, par exemple, est une méthode de changement, particulièrement efficace dans la santé. Elle permet aux individus de se situer autrement par rapport au temps, à se définir de nouvelles perspectives. Elle leur fournit des informations individualisées, des réponses à leurs propres questions, des outils pour se situer à la fois dans le court terme et le long terme, prendre des décisions, s'évaluer, avancer à leur rythme. Le coaching permet aussi de modifier l'approche individuelle, de s'adapter à chacun. En aidant l'individu à se concentrer sur l'ici et maintenant, le coaching permettra de dépasser la phase de frustration liée aux périodes de changement.

Dans l'univers de la santé, il faut changer de perspective et modifier le cadre général de notre perception. Il faut permettre à l'entreprise de voir les choses d'un point de vue nouveau. Il faut l'aider à dépasser ses limites, à aborder un certain nombre de paradoxes inhérents à la santé. Changer nécessite qu'un certain nombre de fonctions soient remplies.

La fonction informative d'abord : une entreprise ne peut vouloir changer que si elle a intégré de nouvelles données pertinentes et cruciales pour son avenir.

La fonction explicative ensuite : il faudra faire comprendre, illustrer, éclairer les causes du changement et les voies pour y parvenir. Il faudra donner une vision ensuite, un projet d'avenir, permettre à chacun de s'y associer, de le modifier, de le coproduire pour éviter les phénomènes de non-appropriation ou de rejet. Il faudra susciter enfin les projections dans l'avenir et dans les nouveaux comportements. En effet, comment changer sans avoir une idée de moi-demain, de nous-demain ? Encourager, accompagner, valoriser, orienter seront ensuite les maître mots de la deuxième étape. On le voit, les processus de changement dans l'univers de la santé nécessitent de répondre à de nombreuses questions. Des entreprises pionnières ont déjà sauté le pas. Leur exemple nous montre que le passage est non seulement possible, mais aussi largement profitable.

Prime aux entreprises pionnières

On l'a vu, notre époque refuse la mort, le vieillissement, les handicaps liés à la vieillesse et même l'idée de la mort. On repousse l'idée le plus loin possible. On veut à tout prix préserver son capital santé. Lorsque le vieillissement approche, malgré tout, on essaie par tous les moyens d'éviter les maladies. Toutes les études et sondages montrent ainsi une évolution profonde du consommateur qui voit sa vie autrement, qui ne cantonne plus ses préoccupations santé au monde médical, et qui cherche dorénavant auprès de tous ses alliés, dans tous les domaines possibles, des réponses à ses préoccupations.

Avec la montée des attentes naît la montée de la demande d'information. Le consommateur adulte sait aujourd'hui que trois grandes catégories de menaces pèsent sur lui. Les maladies cardio-vasculaires, l'ostéoporose et le cancer. Il va donc voir si, parmi les propositions qui lui sont faites, certaines peuvent contribuer à renforcer ses défenses, à déjouer les menaces, à mener des esquives efficaces. Les émissions télévisées consacrées à la santé, les magazines ciblés, la littérature spécialisée, les sites Internet préparent le terrain. DHEA, oméga 3, stérols, vitamines, polyphénols, calcium, etc., sont successivement présentés comme des réponses, voire comme des remèdes miracles à ces fléaux. Certaines molécules, certaines pistes même hypothétiques font l'objet de lancements médiatiques aussi importants que le niveau des attentes. Ils seront les « blockbusters » de demain.

L'industrie pharmaceutique n'est pas la seule à être concernée par cette brusque élévation du désir de santé. Jadis à l'écart du marché de la santé, l'ensemble des industriels et des entreprises se voient aujourd'hui interpellés par le public. Les produits ne sont plus uniquement cantonnés à la satisfaction des besoins de base. Ils sont vus autrement, plus largement, au travers du filtre santé. Pourquoi rester sourds aux attentes des clients ? Comment ne pas entendre ce fort désir de santé ? Comment prendre en compte ce phénomène de société ?

Les entreprises pionnières analysent ces évolutions et se demandent si, parmi leurs gammes de produits, certains pourraient constituer une réponse adéquate à ces nouvelles préoccupations. Les services techniques et de recherche prennent alors le relais.

Ainsi naissent de nouveaux marchés. Sur la prévention des maladies cardio-vasculaires, par exemple, surgissent plusieurs catégories de réponses. Les produits alimentaires de complément et de substitution (lipides insaturés, oméga 3, etc.), la plupart du temps ciblés sur les seniors. Les services : information, sensibilisation, accompagnement, coaching, conseils, régimes… ; les programmes de développement de l'activité physique, sans oublier les programmes de sevrage anti-tabac.

Les entreprises qui ont su écouter, prendre en compte et ajuster ces besoins vont voir leur activité se transformer. Ainsi, un lait riche en calcium va dépasser son statut de produit alimentaire pour devenir un allié dans la prévention de l'ostéoporose et donc dans la lutte contre l'horloge du temps. Ainsi, un producteur de légumes peut-il renforcer son lien avec son client et se présenter comme un allié dans sa démarche personnelle de prévention du cancer. Ainsi, le site Internet d'un grand de l'alimentaire peut dépasser le stade d'un simple catalogue de produits pour devenir un véritable lieu de dialogue santé… Grâce à mes efforts personnels, se dit le consommateur, grâce à toute une nouvelle génération de produits, grâce aux conseils et à l'information prodigués par mes alliés, je me sens mieux armé pour affronter le temps.

Cette évolution représente un bond en avant pour la marque. Jadis limitée au rôle de fabricant, cantonnée dans un rayon de supermarché, voici qu'elle accède au rôle valorisant d'allié santé. Elle est présente dans les livres, à la télévision, dans l'espace public.

Bien entendu, toute une série de contraintes, de limites, de conditions et d'autodiscipline sont nécessaires pour ces pionniers. Les marques

doivent éviter les pièges de la substitution au médical, de la surpro-
messe, de la sous-information, du mercantilisme, et communiquer sur
le sujet de la santé est un exercice particulièrement difficile. Un tel
engagement citoyen n'est pas neutre vis-à-vis de la collectivité, et vis-
à-vis de sa propre image. Passer d'un objectif économique à une
mission sociale, d'une ambition financière à une vocation de progrès
humain, d'un savoir-faire technique à un rôle incontournable dans
l'une des premières préoccupations des Français, quel défi !

L'avis de l'expert : Bruno de Buzonnière, directeur santé de Veolia Environnement

Quelle est votre vision de l'évolution du concept de santé ?

La représentation d'une santé essentiellement médicale, curative, individuelle, fondée sur la technique, la recherche et les médicaments blockbusters, vision qui a porté l'essentiel de nos espoirs pendant trente ans,
a été mise à mal par l'apparition des crises sanitaires. À cette occasion,
on s'est rappelé que la santé devait être approchée à l'échelle des
populations et pas seulement des individus, qu'elle était en relation avec
les modes de vie, les comportements et l'environnement et que la prévention était elle aussi efficace. D'où le retour en France de la santé
publique, des pratiques de prévention, en particulier par l'éducation
visant à changer nos comportements, voire nos modes de vie.

Et il y a beaucoup à faire : écoles, formation des médecins et des cadres
de santé publique, recherche sur le terrain et pas uniquement recherche
fondamentale, promotion de la santé.

Comment le groupe Veolia Environnement agit-il vis-à-vis de ses publics directs ?

Auprès des populations qui ont accès à nos services, nous mettons en
place des actions de promotion de la santé. Par exemple, à Alexandrie
où nous assurons la propreté de la ville, la collecte et le traitement des
déchets pour le compte du gouvernorat, nous menons des campagnes
de sensibilisation dans les écoles et sur les plages afin que les gens
changent leurs comportements et tirent le maximum de bénéfices de la
propreté de cette ville. Lorsqu'à Tanger nous améliorons le réseau de distribution d'eau potable et d'assainissement, nous lançons des actions
pédagogiques pour une meilleure hygiène et une économie de ressources en eau. Les modes de vie et les comportements sont essentiels pour
une meilleure santé environnementale. Ce qui est intéressant c'est que
ces initiatives proviennent de nos équipes locales qui diagnostiquent sur
le terrain ces besoins. Cela fait de plus en plus l'objet de demandes de
la part des collectivités concernées.

.../...

.../...

Comment ces actions se déroulent-elles sur le terrain ?

Bien sûr, nous sommes associés dans ces programmes de promotion de la santé aux collectivités, à des ONG, à des associations. En outre, nous mesurons les effets sur la santé de ces actions conjointes. Par exemple, à Tanger, où nous réhabilitons les réseaux d'eau potable et d'eaux usées, nous menons, avec le ministère de la Santé, une étude épidémiologique pour mesurer l'impact de ces interventions sur la santé des enfants.

Et vis-à-vis de vos publics internes ?

De la même façon, nous essayons de faire comprendre à nos salariés l'influence de leurs comportements sur leur santé pour qu'ils deviennent acteurs de leur propre santé. Nous menons en ce moment dans toutes nos filiales dans le monde une campagne sur l'hygiène et le lavage des mains. D'autres programmes de prévention sont spécifiques. Par exemple, dans notre siège, nous avons mis à la disposition de nos collaborateurs un relais santé dans lequel ils peuvent trouver des conseils pour les aider à résoudre les déséquilibres alimentaires, les troubles du sommeil, les addictions, la gestion de leur stress. Au Gabon, un programme de prévention, dépistage et prise en charge du Sida auprès des salariés et de leurs familles est en cours. Dans les filiales de transport public, nous aidons les conducteurs qui opèrent dans les quartiers difficiles à mieux lutter contre le stress.

Dans quelle perspective l'ensemble de ces actions sont-elles menées ?

Celle d'engager davantage l'entreprise comme acteur de l'amélioration de la santé environnementale, par nos techniques, nos savoir-faire, nos actions mais aussi nos comportements.

Les 5 évolutions du marketing santé

L'irruption de la santé dans le marketing change la donne et remet l'individu au centre du « modèle marketing », naguère enseigné dans les grandes écoles de management. La communication de masse cède irrémédiablement la place à la communication sélective, la logique du PMG (petit, moyen, gros consommateur) disparaît au profit d'une consommation juste, le modèle publicitaire aspirationnel est remplacé par un modèle participatif, l'achat d'impulsion par un achat responsable, et les produits standards par des produits à haute valeur innovante.

La communication sélective est née des limites de la communication de masse. Énormes taux de pénétration, utilisation massive du medium publicitaire, omniprésence dans la distribution… correspondent à une époque révolue où le consommateur n'agissait qu'en réaction. À partir du moment où sa santé est en jeu, alors l'individu recherche, réfléchit, s'interroge et se demande quel est le produit qui lui correspond. Il va lire les étiquettes, interroger ses pairs, faire des essais et rectifier ses erreurs… À l'entreprise de trouver les bons produits correspondants aux bonnes segmentations.

La consommation juste est un corollaire du principe précédent. Sur les bancs de l'école de commerce, nous apprenions qu'il fallait gagner des petits consommateurs, puis, par diverses stratégies, les transformer en moyens et enfin en gros consommateurs. Or, l'expérience a prouvé qu'il faut savoir s'arrêter. Trop de consommation tue la consommation. L'entreprise doit savoir s'arrêter à ce qui est juste, juste pour elle et juste pour le consommateur. Non plus consommer plus, mais consommer mieux, non plus manger plus, mais manger mieux.

L'essor du modèle participatif est lié au déclin du modèle aspirationnel, celui qui vous promettait l'éternelle jeunesse, la beauté, le bonheur familial et amoureux, tout cela à propos d'un paquet de lessive ou de céréales… Aujourd'hui, chacun veut choisir, co-produire une partie de la communication, échanger, expliquer, partager l'information. On passe de la créativité débridée à la crédibilité démontrée. L'exagération fait place à la recherche de confiance.

L'achat responsable remplacera-t-il l'achat d'impulsion ? En partie, puisque les promotions diverses, les opérations spéciales, les têtes de gondole sauront toujours nous tenter. Mais la part de la responsabilité dans l'achat sera croissante pour plusieurs raisons. L'éducation à l'achat va se développer, de même l'implication dans certaines marques et certains produits, et les distributeurs eux-mêmes auront de plus en plus intérêt à faciliter et encourager notre libre arbitre.

L'avènement de la valeur ajoutée dans les produits est un autre fait notable. La santé progresse, les exigences de santé aussi. Tous les produits vont devoir intégrer une dimension santé, c'est une évidence. De là, on arrivera vite à une situation où les produits vraiment innovants, ceux qui intégreront des ingrédients ou des services santé particuliers, prendront l'avantage sur les autres. Pour ce faire, les entreprises vont être amenées à mobiliser leurs services de recherche. Changer leur conception des produits, intégrer davantage le désir de santé du client. Trouver de nouvelles réponses aux nouvelles questions. Et là, il ne s'agira plus de séparer le travail du marketeur et du chercheur, le premier imaginant un concept et le second tentant de trouver la bonne réponse technique. Il va s'agir de les faire travailler ensemble pour apporter de vraies solutions, de vraies nouveautés, et de véritables sauts qualitatifs !

Communication sélective, consommation juste, modèle publicitaire participatif, achat responsable et produit à haute valeur ajoutée santé doivent maintenant s'inscrire dans le cahier des charges du marketeur. Le client, le produit, la marque vont ensemble en profiter.

Santé, développement de l'entreprise et progrès pour l'homme

Dès 1992, au sommet de Rio, la santé s'invitait au débat du développement durable : « *Les êtres humains sont au centre des préoccupations relatives au développement durable. Ils ont droit à une vie saine et productive en harmonie avec la nature* ».

Quels progrès dans ce domaine ? Les thèmes très en vogue de l'environnement vont-ils contribuer à améliorer concrètement la santé ? Quelles contributions de chacun, pour les entreprises, les institutions... ?

Avec deux réflexions à la clef : l'interaction entre environnement et santé et l'interdépendance entre économie et santé.

Au niveau planétaire, la dégradation de l'environnement a des effets négatifs forts sur la santé humaine. On considère aujourd'hui qu'un quart de la morbidité et de la mortalité humaine est lié à l'environnement. Les changements climatiques, l'appauvrissement de la couche d'ozone, la diminution de la diversité, la propagation des polluants, les changements climatiques, la hausse du nombre de catastrophes naturelles, tout cela commence à être bien connu. Sans oublier l'accélération potentielle du développement des bactéries, la redistribution des pathologies entre hiver et été, les affections respiratoires et les intoxications alimentaires... Les effets de la densification des agglomérations urbaines, les flux migratoires soudains, la qualité de l'eau, l'élimination des déchets... Et puis aussi, la sécurité des produits alimentaires, les risques de propagation de maladies d'origine alimentaire, l'utilisation industrielle de substances toxiques ou dangereuses...

Tous ces risques, toutes ces évolutions prévisibles suscitent des questions qui nous concernent tous, en tant que parents, citoyens, électeurs, êtres humains… Ils suggèrent souvent des réponses globales, des investissements planétaires, des politiques d'ensemble, une attitude d'anticipation pour les générations futures.

Mais ils supposent aussi des réponses d'une autre sorte, des réponses en termes de communication et de gestion du changement. Faire comprendre, expliquer, faire admettre, modifier les attitudes, faire bouger les comportements, susciter le feed-back, encourager la transversalité, accompagner et encourager les conduites innovantes, créer des outils pédagogiques, utiliser la télévision, Internet, les forums, les médias, les emballages des produits, les surfaces de vente de la distribution… Tout cela pour communiquer et contribuer à modifier les comportements.

Il faut aussi que les entreprises, toutes concernées par ce phénomène, modifient leur façon de penser et d'agir : concevoir les produits autrement, repenser leur cycle de vie et les effets de leur utilisation et de leur destruction, innover en matière de service et d'accompagnement du consommateur, de gestion du personnel, de choix et de management des fournisseurs… le champ est immense.

Les pouvoirs publics sont également concernés, qui doivent mieux comprendre les visions et représentations des citoyens et davantage tenir compte des sensibilités pour imaginer des réformes, non seulement nécessaires, mais réalistes et efficaces ; les professionnels de santé, qui doivent penser santé et non plus seulement soins, mieux intégrer pédagogie et comportement dans leurs pratiques professionnelles…

Lorsque l'on réalise le lien ténu qui existe entre développement durable et santé, on comprend que le sujet ne peut plus être le domaine réservé des seuls écologistes !

Par ailleurs, on sait depuis longtemps que la santé peut être à l'origine de ralentissement économique. On a calculé, par exemple, le poids du paludisme sur la croissance en Afrique : moins 1,3 % par an. On sait que les migrations de population ont des conséquences désastreuses en matière de santé pour les populations déplacées, entraînant du coup des ralentissements économiques importants. On sait que la pauvreté est la première cause de mortalité dans le monde, qu'elle est à l'origine de l'absence de vaccination des bébés, du manque d'eau potable, du déficit de médicaments.

Même dans notre pays, l'interaction économie/santé est patente. L'entreprise doit avoir du personnel en bonne santé pour optimiser son processus de production. Elle doit avoir des clients en bonne santé pour acheter, consommer et réacheter son produit. On connaît, dans les entreprises, les effets néfastes de la pollution atmosphérique, de l'insécurité liée aux transports routiers, aux nuisances sonores, au stress, aux risques technologiques et industriels. On a mesuré, à la faveur de simulations, l'impact catastrophique que pourraient avoir des crises alimentaires ou sanitaires. Et cela même sans parler de l'utilisation industrielle de substances toxiques ou dangereuses, leur intégration malheureuse dans la construction (amiante) ou dans les produits de consommation (solvants)...

Au-delà des critères humains et moraux évidents, l'entreprise ne peut se désintéresser de l'impact positif ou négatif de la santé sur son activité, à court et long terme. Que diraient le personnel, les actionnaires ou les clients si leur entreprise avait fait l'autruche devant de tels enjeux ?

Les réponses sont à la fois techniques et industrielles, mais concernent aussi la communication et l'accompagnement du changement. Intégrer le paramètre santé dans la conception des produits, la dimension santé dans l'information du public, les programmes santé dans la formation des collaborateurs... Tout cela constitue des défis de première grandeur, dont les effets économiques se mesurent à court, moyen et long terme.

Il existe aujourd'hui un réel besoin pour les consommateurs d'être en accord avec les valeurs de la marque et de l'entreprise. En inscrivant leurs produits, leur communication, leurs actes, dans le « durablement santé » ou dans la « santé durable », les entreprises doivent réaliser, sans tarder, l'extraordinaire potentiel corporate de la nouvelle santé.

Bibliographie

AÏACH P. et DELANOË D., *L'ère de la médicalisation*, Anthropos, 1998.

AMADIEU J.-F., *Les clés du destin, école, amour, carrière*, Odile Jacob,

AMIEL V., *Le corps au cinéma*, PUF, 1998.

ANZIEU D., *Le moi-peau*, Dunod, 1985.

APFELDORFER G., *Traité de l'alimentation et du corps*, Flammarion, 1994.

ARIÈS P., *Les fils de McDo, la McDonaldisation du monde*, L'Harmattan, 1997.

BASDEVANT A., LE BARZIC M., GUY-GRAND B., *Comportement alimentaire, normal ou pathologique ?*, Pil, 1990.

BASZANGER I., *Douleur et médecine*, Le Seuil, 1995.

BOLTANSKI L., *La découverte de la maladie*, Centre de sociologie MSH, 1968.

BOURDIEU P., *La distinction*, Éditions de Minuit, 1979.

CANGUILHEM G., *La santé, vérité du corps*, Le Seuil, 1992.

CHIVA M., *Le doux et l'amer*, PUF, 1985.

COMTE-SPONVILLE A., *Le bonheur désespérément*, Librio, 2000.

CORBEAU J.-P. et POULAIN J.-P., nombreux ouvrages dont *Penser l'alimentation*, Privat, 2002.

CORBEAU J.-P., « Pour une représentation sociologique du mangeur », *Économies et Sociétés*, 1997.

CORBIN A., COURTINE J.-J., VIGARELLO G., *Histoire du corps*, Le Seuil, 2006.

CORVOL P., POSTEL-VINAY N., *Le retour du Docteur Knock*, Odile Jacob, 1999.

COURTINE J.-J., *Les stakhanovistes du narcissisme. Body building et puritanisme*, Communications, 1993.

DAGNAUD M., *Les artisans de l'imaginaire, comment la télévision fabrique la culture de masse*, Armand Colin, 2006.

DARMON M., *Devenir anorexique*, La découverte, 2003.

DESJEUX D., *L'ethnologie, une méthode pour comprendre les comportements alimentaires domestiques*, INSERM Nathan, 1996.

DÉTREZ C., SIMON A., *À leur corps défendant, les femmes à l'épreuve du nouvel ordre moral*, Le Seuil, 2006.

DROUARD C., *Mythiques cosmétiques*, Hachette, 2004.

FERRO M., *Les sociétés malades du progrès*, Plon, 1998.

FISCHLER C., *L'homnivore*, Odile Jacob, 1990.

GUEDJ D., *Zéro*, Robert Laffont, 2005.

GUILLEBAUD J.-C., *Le goût de l'avenir*, Le Seuil, 2003.

ILLICH I., *La convivialité*, Le Seuil, 1973.

KICKBUSH I., *Cinquante années d'évolution des concepts de santé à l'OMS*, Prévenir n° 30, 1996.

LE BRETON D.,

Anthropologie du corps et modernité, PUF, 1990.

Signes d'identité, tatouages, piercing et autres marques corporelles, Métailié, 2002.

LIPOVETSKY G.,

L'ère du vide, Gallimard, 1983.

Le bonheur paradoxal, essai sur la société d'hyperconsommation, Gallimard, 2006.

MARZANO M., *Penser le corps*, PUF, 2002.

MAUSS M., *Les techniques du corps*, PUF, 1980.

MORIN E., *Le paradigme perdu*, Le Seuil, 1973.

MOULIN A.-M.,

Cent ans d'histoire de la santé, Bulletin de la société de pathologie exotique, 1997.

dans *Histoire du corps*, Le Seuil, 2006.

ONFRAY M., *La puissance d'exister*, Grasset, 2006.

OSTERMANN G., *Aspects psychologiques de la rondeur*, Diététique et médecine, 1997.

PINELL P., *Une épidémie politique, la lutte contre le Sida en France*, PUF, 2002.

POULAIN J.-P., *Manger aujourd'hui, attitudes, normes et pratiques*, Privat, 2002.

RAZAC O., *La grande santé*, Climats, 2006.

ROZENBAUM W., *Sida, réalités et phantasmes*, POL, 1984.

SFEZ L., *La santé parfaite*, Le Seuil, 1995.

SIMON M., *Les dessous*, Le Chêne, 1998.